한국지리를
보다

한국지리를 보다 2

1판 1쇄 발행 2016년 1월 1일
1판 2쇄 발행 2019년 11월 20일

지은이 엄정훈 **펴낸이** 박찬영
편집 정은경, 김은영 **교정·교열** 이현정 **그림** 문수민 **디자인** 이재호, 류아름 **마케팅** 조병훈, 박민규
발행처 (주)리베르스쿨 **주소** 서울시 성동구 왕십리로 58, 11층 1101~1102호
등록번호 제2003-43호 **전화** 02-790-0587, 0588 **팩스** 02-790-0589 **홈페이지** www.liber.site
커뮤니티 blog.naver.com/liber_book(블로그), www.facebook.com/liberschool(페이스북)
e-mail skyblue7410@hanmail.net **ISBN** 978-89-6582-210-3(세트), 978-89-6582-209-7(44910)

리베르(Liber 전원의 신)는 자유와 지성을 상징합니다.

한국지리를 보다

강원도 · 충청도 · 전라도

㈜리베르스쿨

머리말

우리나라, 어디까지 가보셨나요?

연휴를 맞은 인천국제공항 출국장은 해외여행을 떠나려는 사람들로 인산인해를 이룹니다. 이제 해외여행은 국내 여행만큼이나 흔해졌습니다. 국내 여행보다 해외여행을 더 자주 다니는 사람이 있을 정도니까요. 이런 사람들은 우리나라는 어디까지 가 보았을까요?

500여 년 전 조상들이 쌓아 올린 서울 성곽을 직접 발로 밟아 보았나요? 겨울철 강원도 동해에서 갓 잡아 올린, 알이 통통하고 살이 실하게 오른 도루묵 찌개를 맛보았나요? 좁다고만 생각했던 우리나라에 지평선이 보일 정도로 넓은 평야가 있는데 가 보았나요? 우리나라의 동쪽 끝 독도에 사는 괭이갈매기의 우아한 날갯짓은 보았나요? 단순히 비행기를 타고 외국에 간다는 색다름 때문에 패키지여행 상품을 덥석 구매하지는 않았나요? 우리나라 뭐 볼 게 있냐고 무턱대고 해외로 나가지는 않나요? 이런 분들께 『한국지리를 보다』를 권합니다. 우리나라는 어디를 가든 내가 하는 말과 똑같은 말을 쓰고 내가 먹는 음식과 똑같은 음식을 먹기 때문에 새로울 것이 없다고 생각하기 쉬워요. 하지만 조금만 자세하게 들여다보면 깜짝 놀랄 정도로 색다른 것이 많답니다.

우리나라 사람들이 쓰는 말을 예로 들어 볼까요? 같은듯 하지만 모두 다르답니다. 드라마나 영화에서 자주 접해서 익숙하게 알고 있는 경상도, 전라도 사투리는 그렇다 치고, 사투리가 없는 줄 알았던 강원도에도 사투리가 있습니다. 심지어 영동 지역과 영서 지역의 말조차 조금씩 다릅니다. 음식은 또 어떻고요. 지역마다 음식과 음식 문화가 얼마나 다양한지, 직접 맛을 보고 경험해 보지 않고는 그 차이를 세세히 설명하기 어려울 정도입니다. 이러한 말과 음식 문화에 영향을 끼친 자연환경과 인문 환경은 무엇일까요? 어떤 역사적 배경이 숨어 있을까요? 처음에는 이 모든 것이 복잡한 실타래처럼 느껴

질 수 있어요. 하지만 실마리를 찾는 순간, 모든 것이 술술 풀어진답니다. 이해가 되기 시작하는 거예요. 더 나아가 각 지역의 역사와 문화가 어떻게 서로 연결되어 있는지, 자신의 지역을 발전시키기 위해 어떤 노력을 하고 있는지 알아 가는 과정은 지금까지 느껴보지 못한 즐거운 경험이 될 것입니다. 『한국지리를 보다』가 안내하는 대로 따라가다 보면 우리나라를 더 잘 이해하고, 우리가 발 딛고 살아가고 있는 삶터에 대한 무한한 애정을 키우게 될 것입니다. 우리나라를 보는 안목도 더 넓고 커지겠지요. 이 책을 통해 기른 안목으로 소통의 장을 열어 보기 바랍니다. 지리는 단순히 땅이나 자연환경을 의미하지 않습니다. 지리 안에는 문화와 역사가 녹아 있고, 지리 위로는 유행이 지나가지요. '지리'는 우리를 둘러싼 모든 환경을 지칭하는 말이라고 해도 과언이 아닙니다. 지리를 알면 알수록 풍성하고 색다른 삶을 경험할 수 있답니다.

『한국지리를 보다』에는 우리를 둘러싼 모든 환경이 알기 쉽게 소개되어 있고 생생한 이미지가 어우러져 있습니다. 『한국지리를 보다』에는 지역의 과거와 현재, 미래, 그리고 문화와 역사가 살아 있습니다. 이 책과 함께 하며 몰랐던 세계에 대해 동경을 품어 보세요. 가족과 함께 『한국지리를 보다』를 읽고 이야기를 나누며 호기심 가득한 눈으로 독후 여행을 떠나 보세요. 훌륭한 안내자가 되어 줄 것입니다.

이 책에서 소개하지 못한 곳이 아직 많습니다. 소개한 곳도 살뜰하게 다 설명하지 못해 아쉽습니다. 부족한 부분은 여러분이 직접 보고 경험하고 알아낸 따끈따끈한 내용들로 채워 주세요. 그러면 제2, 제3의 '한국지리를 보다'가 계속 출간될 수 있겠지요.

엄정훈 씀

차례

머리말   4

3장 산 높고 물 맑은 강원도

1 태백산맥이 가로지르는 강원도   12

- 영동과 영서를 이어주는 대관령
- 영서 사람, 영동 기후 때문에 두 번 속다
- 가장 행복한 고도, HAPPY 700
- 한국의 알프스를 경험하다
- 풍부한 지하자원
- 자타공인 대한민국 최고의 관광지
- 광산도시에서 관광도시로, 영월 · 정선 · 태백 · 삼척

생각해 보세요 **고랭지는 대관령 근처에만 있나요?**

2 푸른 동해바다를 품은 곳, 영동지방   50

- 강릉으로 떠나는 문화 여행
- 겨울 놓치면 말짱 도루묵
- 울산 바위 때문에 생겨난 이름, 속초
- 백두대간의 비단길, 설악산국립공원
- 관동팔경을 따라서

생각해 보세요 **강릉이 커피로 유명해진 이유는 무엇일까요?**

3 태백산맥의 서쪽, 영서지방   **78**

• 댐과 호수의 도시, 춘천

• 은혜 갚은 까치의 전설, 원주 치악산

• 이효석의 고장 평창, 2018 동계올림픽이 개최되다

생각해 보세요 수도권과 춘천을 연결하는 교통로가 확대되면서 춘천은 어떤 점이 달라졌을까요?

 4장 양반 고을 충청도

1 빠르게 성장하는 충청도   **100**

• 남한의 중간지대 • 우리나라 최고의 명당이 있는 곳

• 구수한 충청도 사투리의 비밀 • 농산물과 해산물이 지천

• 강경 젓갈 시장이 유명한 이유는? • 온천의 고장, 아산과 충주

• 수도권과 가까워서 • 행정중심 복합도시, 세종특별자치시 건설

생각해 보세요 내포 신도시는 어떤 역할을 하게 될까요?

2 백제의 역사와 문화를 간직한 충청남도   **126**

• 안면도는 섬일까? • 우리나라에도 사막이 있다

• 백제 문화의 중심지 공주·부여 • 삼남대로가 만나는 천안 삼거리와 호두과자

• 세계에서 가장 깨끗한 축제(?) 보령 머드축제 • 인삼의 고장, 금산

• 제철도시로 기지개 펴는 당진시

생각해 보세요 경제자유구역이란 무엇일까요?

3 내륙의 고장 충청북도   **164**

  · 직지(直旨)의 고장 청주   · 청풍명월 제천

  · 단양팔경을 따라서   · 영동의 포도, 유럽을 넘보다

  생각해 보세요 **충청북도가 '의료산업의 메카'로 떠오르는 이유는 무엇일까요?**

4 교통중심지 대전광역시   **184**

  · 허허벌판에서 철도 교통의 요지로 발전

  · 유성관광특구와 대덕연구개발특구가 있는 유성구

  · 대전의 현재와 미래

  생각해 보세요 **대전 구도심은 어떻게 변화하고 있나요?**

5장 멋과 맛이 함께 하는 예술의 고장 호남지방

1 우리나라 최대의 벼농사 지대   **198**

  · 기름진 농토를 품은 평야   · 풍요로운 예술의 고장

  · 잔칫집에 홍어가 빠지면 섭섭하다   · 서해안 시대를 주도할 호남권

  생각해 보세요 **우리나라가 쌀농사를 포기하면 안 되는 이유는 무엇일까요?**

2 황해와 남해를 품은 전라남도   **218**

  · 전라남도의 젖줄 영산강 · 국제해양관광도시를 꿈꾸는 목포

  · 대나무의 고장 담양 · 지리산 자락의 구례

• 녹차의 고장 보성 • 대한민국 생태수도 순천

• 남동임해공업지역 여수 • 자연과 어우러진 제철도시 광양

• 곰탕과 홍어의 고장 나주 • 한반도의 땅끝, 해남

• 천일염 산지 신안군 증도

생각해 보세요 우리나라에서는 언제부터 천일염을 만들기 시작했을까요?

3 전통 어린 고장 전라북도   280
   • 후백제의 도읍지, 온고을 전주 • 지평선 축제를 여는 김제

   • 서해안 시대의 핵심도시 군산

   • 첩첩산중 무진장 지역

   • 성춘향과 이몽룡의 고장 남원

   • 고추장이 익는 마을 순창

   • 바닷가에 쌓아 놓은 수만 권의 책, 채석강

   생각해 보세요 진안이 홍삼으로 유명한 이유는 무엇일까요?

4 빛고을 광주광역시   320
   • 광주광역시에는 특별한 버스가 있다?

   • 아시아 문화 중심 도시 광주

   • 예술의 도시 광주의 '예술더하기 여행'

   • 광주의 미래

   생각해 보세요 혁신도시가 뭐예요?

3 산 높고 물 맑은 강원도

함께 가 볼까요

강원도 하면 제일 먼저 생각나는 것이 무엇일까요? 강릉과 원주, 산, 바다, 감자, 옥수수 등이 떠오를 거예요. 강원도의 감자와 옥수수 생산량은 전국에서 1등입니다. 전국에서 생산되는 감자의 약 30%, 옥수수의 약 40%가 강원도에서 나는 거랍니다.

강원도는 조선시대에 이 지역에서 가장 큰 고을이었던 영동지방의 '강릉'과 영서지방의 '원주', 두 도시의 첫 글자를 따서 만든 이름입니다. 한반도의 등줄이 되는 태백산맥이 남북을 가로지르고 있어 숲이 울창하며 설악산, 오대산을 비롯한 유명한 산들이 많습니다. 또 동으로는 푸른 동해 바다를 끼고 새하얀 모래사장이 펼쳐져 있기 때문에 여름이면 해수욕을 하는 사람들로 발 디딜 틈이 없을 정도입니다. 강원도는 경상북도에 이어 전국에서 두 번째로 면적이 넓은 지역이에요. 하지만 인구는 세종특별자치시와 제주특별자치도에 이어 세 번째로 적습니다. 강원도는 깨끗하고 아름다운 자연환경을 자랑하지요. 그래서 강원도는 복잡한 도시에서 바쁘게 살아가고 있는 현대인들의 휴식처 같은 역할을 하고 있습니다.

또 강원도는 전 국민이 인정하는 대한민국 최고의 사계절 관광지이기도 합니다. 여름에는 더위를 피할 수 있고, 겨울에는 눈을 즐길 수 있는 곳이 바로 강원도랍니다. 2018년에는 평창에서 동계올림픽이 개최될 예정인데, 동계올림픽을 맞이한 강원도는 또 어떻게 변화될지 기대됩니다.

1 태백산맥이 가로지르는 강원도

강원도는 경상북도에 이어 전국에서 두 번째로 면적이 넓은 지역이에요. 하지만 인구는 세종특별자치시와 제주특별자치도에 이어 세 번째로 적습니다. 강원도는 깨끗하고 아름다운 자연환경을 자랑하지요. 그래서 강원도는 복잡한 도시에서 바쁘게 살아가고 있는 현대인들의 휴식처 같은 역할을 하고 있습니다.

또 강원도는 전 국민이 인정하는 대한민국 최고의 사계절 관광지이기도 합니다. 여름에는 더위를 피할 수 있고, 겨울에는 눈을 즐길 수 있는 곳이 바로 강원도랍니다. 2018년에는 평창에서 동계올림픽이 개최될 예정인데, 동계올림픽을 맞이한 강원도는 또 어떻게 변화될지 기대됩니다.

- 강원도는 한반도의 등줄이 되는 태백산맥이 남북을 가로지르고 있어 숲이 울창하며 설악산, 오대산을 비롯한 유명한 산들이 많다.
- 대관령을 중심으로 동쪽을 영동, 서쪽을 영서라고 부르는데, 영동과 영서는 기후와 지형이 다르고 그 속에 살고 있는 사람들의 문화도 다른 점이 많다.
- 강원도는 전체 면적의 80% 가량이 산이라 농사를 지을 수 있는 땅은 10% 정도밖에 되지 않지만 석회석, 무연탄, 텅스텐 등 지하자원은 전국에서 가장 많이 매장되어 있다.

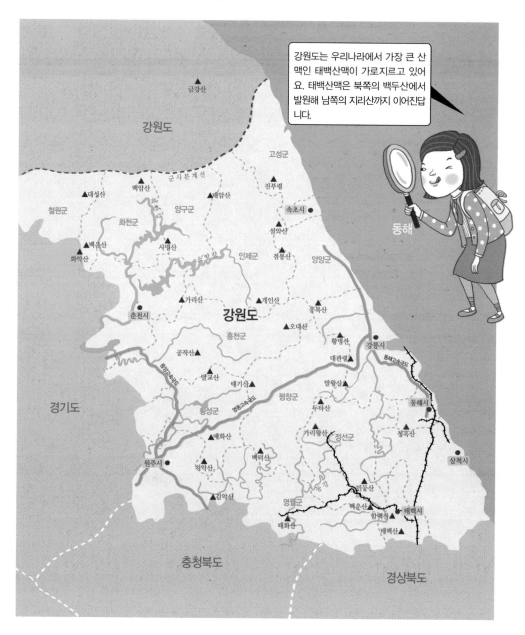

강원도는 우리나라에서 가장 큰 산맥인 태백산맥이 가로지르고 있어요. 태백산맥은 북쪽의 백두산에서 발원해 남쪽의 지리산까지 이어진답니다.

영동과 영서를 이어주는 대관령

강원도는 크게 영동과 영서로 나눌 수 있습니다. 영동지방에는 강릉, 속초, 동해, 삼척 같은 도시들이 있고, 영서지방에는 원주, 평창, 정선, 태백, 철원, 춘천, 홍천 등의 도시들이 있어요. '영동'과 '영서'에 공통으로 들어가 있는 '영'은 고개를 가리키는 '고개 령(嶺)'자예요. 그렇다면 영동과 영서를 가르는 고개는 무엇일까요? 바로 대관령입니다. 대관령의 동쪽을 영동, 대관령의 서쪽을 영서라고 부릅니다.

영동과 영서를 가르는 태백산맥의 등허리에는 대관령, 미시령, 한계령, 진부령 등 이름 있는 여러 개의 고개가 있어요. 그런데 유독 대관령을 기준으로 동서를 가르는 이유는 대관령이 사람들의 통행량이 가장 많은 고개이기 때문이에요. 대관령은 높이가 832m이고 아흔아홉 개의 굽이가 있습니다. 구름과 함께 걸어서 넘나들던 대관령에 1970년대 영동고속도로가 개통되었어요. 대관령과 강릉 쪽을 잇는 구간은

아흔아홉 굽이를 따라 깎아지른 절벽과 급경사가 아주 많았어요. 겨울에 눈이 내리면 수시로 통행이 제한되었습니다. 심한 폭설이 내릴 때에는 도로에 차들이 고립되어 차 안에서 밤을 지새우는 경우도 많았답니다. 이런 불편한 점을 개선하기 위해 2002년에 7개의 크고 작은 터널을 뚫어서 고속도로를 직선으로 만들고 급경사 구간을 없앤 후 4차선으로 확장해서 새롭게 영동고속도로를 개통했어요. 이제는 강릉에서 30분이면 대관령 정상까지 갈 수 있게 되었지요. 영동고속도로는 수도권과 강원도의 영동·영서를 연결하는 역할을 해요. 영동고속도로를 통해 지역 간 교류가 활발해지면서 강원도가 한 단계 더 발전하고 있어요.

대관령을 중심으로 영동과 영서는 기후도 다르고, 지형도 다르고, 그곳에 살고 있는 사람들의 문화도 서로 다르답니다.

영서 사람, 영동 기후 때문에 두 번 속다

영동과 영서의 기후와 관련해서 재미있는 이야기가 하나 있어요. 영서에 사는 사람이 늦은 봄에 대관령 넘어 영동으로 나들이를 갔어요. 영서지방의 늦은 봄은 때때로 기온이 높고 건조한 바람이 붑니다. 그래서 영동도 그러려니 하고 옷을 가볍게 입고 갔지요. 그런데 웬걸, 강릉에 도착하니 너무나 추운 거예요. 그래서 제대로 나들이를 즐기지도 못하고 다시 집으로 돌아갔대요. 가을이 되자 다시 영동지방으로 나들이를 갔어요. 영서지방은 추석 이전에 겨울옷을 꺼내 입어야 할 정도로 추위가 빨리 찾아오거든요. 그래서 강릉도 그럴 줄 알고 옷을 엄청 든든하게 입고 갔어요. 그런데 웬걸, 강릉에 도착하니 더워서 죽겠는 거예요. 그래서 또 제대로 나들이를 즐기지도 못하고 투덜거리며 집으로 돌아갔다고 해요.

한계령
양양과 인제를 잇는 고갯길인 한계령은 해발 1,004km에 위치해 있어 마치 천사가 하늘에서 지상을 내려다보는 듯한 풍경이 펼쳐진다. 구절양장(九折羊腸)처럼 굽이친 길을 따라 설악산을 장대함을 느낄 수 있는 드라이브 코스다.

    이런 웃지 못할 일이 벌어진 건 태백산맥과 동해바다 때문이랍니다. 늦은 봄이 되면 동해바다 쪽에서 태백산맥을 넘어 바람이 부는 일이 종종 있어요. 이 바람을 높새바람이라고 해요. 이때 영동지방은 아직 데워지지 않아 서늘하고 축축한 기운의 바닷바람을 맞게 되니 날씨가 쌀쌀해요. 이 바람이 태백산맥을 타고 올랐다가 다시 서쪽으로 불어 내려갈 때에는 기온이 올라가면서 건조한 상태가 됩니다. 그래서 영서에서는 더운 기운마저 느껴지는 것이지요.

    반대로 가을이 되면 영서지방은 해발고도가 높고 내륙 지역이기 때문에 땅이 빨리 식어요. 그래서 추위가 다른 곳보다 먼저 찾아오지요. 하지만 강릉은 해발고도가 낮은 곳에 위치할 뿐만 아니라 수심이 깊은 동해바다를 끼고 있기 때문에 서서히 추워진답니다.

미시령
미시령 정상의 휴게소에서 바라본 동해와 속초시 전경이다. 울산바위의 일부도 보인다.

가장 행복한 고도, HAPPY 700

'행복한 700'이라…….무슨 뜻일까요? 영동고속도로를 타고 가다 보면 'HAPPY 700'이라고 쓰인 커다란 팻말을 볼 수 있습니다. 이 말은 해발고도 700m 지점이 가장 행복한 고도라는 의미입니다. 일반적으로 해발고도 700m 전후에서 사람의 몸에 가장 적합한 기압이 형성된다고 해요. 해발고도 700m가 사람의 생체리듬에 가장 적합하다는 것이지요. 사람뿐만 아니라 동물이나 식물이 자라는 데에도 가장 적합한 조건이랍니다. 피의 흐름이 원활해져서 피로 회복이 빠르고, 노화를 더디게 하여 건강한 삶을 유지할 수 있게 한다고 해요. 또 깨끗한 자연환경에서 무공해 농축산물을 생산할 수 있는 여건이 되기도 하지

평창 삼양목장
강원도 평창군 대관령면 횡계리에 있는 목장으로 목초지 면적이 동양 최대 규모다 경관이 빼어나고 분위기가 목가적이어서 영화나 드라마 촬영지로 인기를 얻고 있다.

요. 세상에나, 이런 곳이 우리나라에 정말 있기나 할까요?

'HAPPY 700'은 강원도 평창군이 사용하는 상표입니다. 평창군은 해발고도 700m 이상 되는 고지대가 군 전체 면적의 절반 이상을 훌쩍 넘습니다. 강원도 평창군에는 평창, 봉평, 용평, 장평, 후평 등 '평'자가 들어가는 지명이 유난히 많아요. 이 지역은 대부분 경사가 급하고 가파른 산지를 이루고 있지만, 정상 부근에는 비교적 경사가 완만한 곳이 나타나기 때문이지요.

이런 지역을 보통 '고위평탄면'이라고 불러요. 해발고도가 높은 곳에 있는 평탄한 지형이라는 뜻입니다. 고위평탄면은 대관령의 서쪽에 집중적으로 나타나는데요. 강릉에서 영동고속도로를 타고 대관령을

용평
강원도 평창군에 있는 용평은 평균기온이 낮고 적설량이 많아 스키를 즐길 수 있는 국내 최적의 조건을 자랑한다.

봉평

봉평은 소설가 이효석 선생의 고향이자 그의 단편소설 '메밀꽃 필 무렵'의 무대이다. 해마다 가을이면 소설의 한 장면처럼 메밀꽃이 사방에 지천으로 피어난다.

넘으면 갑자기 평탄한 지형이 펼쳐지는 곳이 바로 고위평탄면입니다. 태백산맥이 융기하면서 평평하던 지형이 그대로 해발고도가 높은 곳에 올라앉게 된 것이지요.

고위평탄면은 해발고도가 높으면서도 평평한 지형이기 때문에 밭농사를 하기에는 고도가 높아 여름철에도 평지보다 기온이 낮고 일교차도 심합니다. 고랭지에서는 여름철에 평지의 초가을에 해당하는 기온으로 작물을 재배하는 고랭지채소 재배지입니다. 전국의 고랭지 중 절반이 강원도에 분포하고 있지요. 고랭지에서 재배되는 작물의 대부분은 배추와 무입니다. 강원도의 고랭지 채소는 평지와 출하시기가 달라서 유리해요. 평지의 무와 배추는 봄이나 늦가을의 김장철에 출하되는 반면, 강원도의 고랭지 채소는 여름철과 초가을에 집중적으로 출하되지요.

고랭지의 밭은 경사지가 많다는 것이 문제인데요. 비가 오면 토양이 씻겨 내려가기 때문입니다. 높은 산지에서 시원하게 펼쳐지는 고랭지 배추밭은 또 하나의 기막힌 장관을 연출하지요. 그러나 고랭지의 밭들은 대부분 경사지에 만들어져 있기 때문에 비가 왔을 때 흙이 씻겨 내려가는 경우가 많아서 농부들의 걱정이 많습니다.

한편, 대관령의 동쪽에 사는 영동 사람들은 대부분 농업과 어업을 함께하며 살아왔습니다. 동해바다를 끼고 있기 때문이지요. 바닷가 가까이 평야가 있어서 논농사도 많이 하고 태백산맥으로 이어지는 급경사의 산비탈에서 밭농사도 하고 있지요. 특히 영동지방은 태백산맥이 겨울에 차가운 북서계절풍을 막아주기 때문에 따뜻하답니다. 그래서 따뜻한 곳에서 잘 자라는 감나무와 대나무가 많이 있습니다. 이런 나무들은 영서지방에서는 좀처럼 찾아보기 힘듭니다.

고랭지 배추밭
고도가 높고 기온이 낮은 고랭지는 서늘한 기후에서 잘 자라는 배추를 재배하기 적합하다.

한국의 알프스를 경험하다

알프스는 스위스에만 있는 것이 아닙니다. 강원도에도 알프스와 같은 곳이 있답니다. 대관령 양떼목장에 가면 마치 알프스에 온 것 같은 느낌을 받을 수 있습니다.

대관령 양떼목장은 대관령의 정상에 위치하고 있어요. 태백산맥의 웅장한 자태와 드넓은 초원에서 한가로이 풀을 뜯는 양들이 새파란 하늘과 어우러져 마치 한 장의 그림엽서를 보는 듯합니다. 태백산맥 정상을 따라 점점이 서 있는 거대한 풍력 발전기도 장관이랍니다.

2014년 가을에는 1974년부터 양떼목장을 지켜왔던 하늘목장이 일반인에게 개방되었어요. 하늘목장은 V자 모양으로 삼양목장을 감싸는 형태로 조성되어 있고, 바로 옆에는 대관령 최고봉인 해발 1,147m의 선자령이 있어 대관령목장 전체와 동해바다를 동시에 조망할 수 있습니다.

대관령 양떼목장
대관령 정상에 있는 양 목장이다. 부드러운 능선과 조화를 이룬 목장의 둘레를 따라 산책로가 잘 조성되어 있다.

　이 목장의 규모는 1,000만m²나 된다고 해요. 약 1,400개의 축구장 넓이와 맞먹는 어마어마한 규모이지요. 하늘목장은 '자연순응형 생태체험목장'이라는 타이틀을 내걸고 문을 열었어요. 울타리 속으로 들어가 양떼에게 직접 먹이를 줄 수도 있답니다. 해발고도 1,000m에 있는 하늘마루 전망대에 이르면 발아래에 태백산맥의 주름진 산들의 풍광이 시원스럽게 펼쳐집니다.

　대관령에서 가장 높은 곳인 선자령(1,157m)을 트레킹할 수도 있어요. 경치가 너무 아름다워서 하늘나라 선녀님이 자식들을 데리고 내려와 놀았다는 전설이 전해지는 곳입니다. 선자령에서는 강릉시내와 동해바다가 한눈에 내려다보이고 하늘목장과 대관령목장의 풍광을 동시에 볼 수 있는 유일한 곳입니다.

　대관령에서 알프스에서나 볼 수 있는 아름다운 목장을 볼 수 있는 것도 역시 기후 때문입니다. 또 해발고도가 높아 여름이 서늘한 이곳의 기후는 부드러운 목초들이 자라기에 좋은 환경이고, 비싼 사료 대신 평평하고 넓은 땅에서 자라는 부드러운 목초를 뜯어 먹으며 방목할 수 있는 조건이 갖추어졌기 때문이지요.

하늘목장

1974년에 조성되었고 2014년 9월 일반인에게 개방되었다. V자 형태로 삼양목장을 감싸고 있으며 대관령 최고봉인 선자령과 붙어 있다. 자연 그대로의 모습을 추구하여 목장의 동물들을 방목하여 기르며, 관람객들이 자연 속에서 동물들을 직접 체험할 수 있도록 하고 있다.

풍부한 지하자원

강원도는 도 전체 면적(168만 7천ha)의 80%가량이 산이에요. 농사를 지을 수 있는 땅은 10% 정도밖에 되지 않지요. 그렇지만 석회석, 무연탄, 텅스텐 등과 같은 지하자원은 전국에서 가장 많이 매장되어 있습니다. 그중에서도 석회석과 무연탄이 많이 매장되어 있어요. 특히 태백산맥 근처의 태백, 삼척, 강릉, 정선, 영월은 우리나라 제1의 광업지역이기도 하지요. 이들 지하자원이 생산되는 지역은 사람들이 많이 살고 있는 도시지역과 멀리 떨어져 있어서 수송이 큰 부담이었어요. 그래서 석회석과 무연탄을 수송하기 위해서 영동선, 태백선, 정선선 등의 산업철도가 건설되기도 했습니다.

시멘트의 원료로 사용되는 석회석은 건축 외에도 제철산업에서도 중요하게 이용되고 화학, 식품, 의약품 분야에서도 다양하게 활용되고 있어요.

현재 석회석이 주로 생산되는 곳은 강원도의 동해와 삼척, 영월 등이고, 충청북도의 단양과 제천 등지에서도 생산되고 있어요. 이들 지역에서 생산되는 석회석으로 우리나라에서 한 해 동안 필요로 하는

○ 석회암
주성분이 탄산칼슘인 퇴적암으로 시멘트와 비료의 원료, 제철 등 쓰임새가 다양하다.

○ 무연탄
탄화가 잘 되어 연기를 내지 않고 연소하는 석탄인데, 한국에서 산출되는 석탄 대부분을 차지한다. 불이 잘 붙지 않지만 화력이 강하고 일정한 온도를 유지하면서 계속 타는 성질이 있다.

양의 90% 이상을 충당할 수 있다고 해요.

하지만 오랜 기간 석회석을 캐내는 바람에 자연환경이 심하게 훼손되었습니다. 그리고 석회석을 가공하는 과정에서 발생하는 먼지 때문에 지역 주민들이 큰 불편을 겪고 있답니다.

지금은 대부분의 집에서 난방을 할 때나 음식을 만들 때 도시가스를 사용하지요. 그러나 1980년대만 해도 이 역할을 연탄이 대신했어요 까맣고 동그란 구멍이 뚫린 연탄의 원료가 바로 무연탄인데, 이 무연탄이 국민연료로 자리 잡자 강원도의 탄광으로 수많은 광부들이 몰려들어 갑작스럽게 큰 도시가 만들어졌어요.

연탄
무연탄을 주원료로 하여 만든 원통형의 고체 연료이다. 위 아래로 공기구멍이 뚫려 있어 구멍탄이라고도 하고, 구멍의 수에 따라 구공탄, 십구공탄 등으로 부른다. 화력이 강하면서 오래 가는 장점이 있으나 불을 붙이기 어렵고 연소 과정에 유독한 일산화탄소가 나오는 단점이 있다.

그런데 1980년대 후반부터 중국에서 값싼 무연탄이 수입되는가 하면, 우리나라의 탄광에서는 임금이 오르고 무연탄을 캐는 조건도 열악해졌습니다. 엎친 데 덮친 격으로 가정용 연료가 석유나 가스 등으로 빠르게 교체되기 시작했지요. 그래서 연탄을 찾는 사람들이 급속도로 줄어들었어요. 연탄이 남아돌기 시작하자 정부에서는 경제성이 좋지 않은 탄광들을 대대적으로 정리하는 사업을 펼쳤어요. 이를 '석탄산업합리화정책'이라고 해요. 이때 많은 탄광들이 정리되면서 실업자들이 속출했어요. 일자리를 잃은 광부들이 떠나가자 태백과 정선과 같은 도시들도 급속도로 쇠퇴하기 시작했지요. 이 후 이 도시들은 지역 경제를 되살리기 위한 다양한 노력들을 하고 있습니다.

자타공인 대한민국 최고의 관광지

강원도는 우리나라 사람들이 모두 인정하는 대한민국 최고의 관광지입니다. 설악산, 치악산, 오대산 국립공원을 비롯해 사계절 모두 빼어나게 아름다운 장관을 연출하는 산들과 물속의 모래알까지 훤히 들여다보일 정도로 깨끗한 동해바다와 오대산 월정사, 상원사, 양양의 낙산사와 하조대 등과 같은 역사가 오래된 문화유산까지 강원도의 관광 자원은 무궁무진합니다.

매년 여름 휴가철이 되면 한국교통연구원 등에서는 '올 여름 어디로 휴가를 다녀올 예정입니까?' 하는 설문조사를 발표해요. 그럴 때마

대관령 눈꽃축제
1993년 처음 시작됐다. 2000년 상반기에는 전국 12대 문화축제로 선정되는 등 눈꽃과 얼음의 아름다움이 어우러진 낭만적인 공간에서 동심의 세계를 만끽할 수 있는 겨울축제로 발전해 왔다.

다 항상 1등을 차지하는 곳이 동해안권입니다. 우리나라는 삼면이 바다로 둘러싸여 있어서 동해, 남해, 황해 바다가 있지만 해수욕을 하기에는 동해안만큼 좋은 곳이 없기 때문이지요. 깨끗한 바닷물과 백사장, 높은 파도는 남해바다와 황해바다가 따라올 수 없는 동해바다만의 특징입니다.

강원도는 겨울철에 눈이 많이 내릴 뿐만 아니라 내륙 지역은 매우 춥지만 동해안 지역은 태백산맥과 동해바다의 영향으로 따뜻할 때가 많습니다. 이러한 기후 특성이 겨울철에도 많은 관광객들을 불러 모으고 있지요. 대관령과 태백에서는 눈꽃축제가 펼쳐지고 화천군의 산천어축제, 평창군의 평창 송어축제, 인제군의 빙어축제와 겨울내설악강변축제 등 다양한 겨울 축제가 펼쳐집니다. 2018년 동계올림픽이 열릴 예정인 평창 일대와 횡성군, 정선군, 홍천군 등지에는 스키장을 비롯한 각종 레저 시설들을 갖추고 있어요. 또 해마다 1월 1일에는 동해바다에서 떠오르는 태양을 가장 먼저 보려는 사람들로 발 디딜 틈이 없을 정도입니다.

우리나라에서 가장 먼저 단풍 소식을 전하는 설악산 국립공원은 단풍 시기에 맞추어 '설악산 단풍축제'를 열고 있어요. 설악산에서 오색으로 물든 단풍을 구경한 후에는 양양 남대천의 연어축제도 둘러볼만 합니다. 이 축제에서는 남대천으로 올라오는 연어에서 알을 채취해서 부화시킨 어린 연어를 풀어줍니다. 어린 연어들은 30~50일간 남대천에서 머물다가 동해바다로 이동해요. 그리고는 북해도 해역을 거쳐 베링 해와 북태평양에서 3~4년 정도 성장한 뒤에 알을 낳기 위해 다시 처음 태어났던 곳으로 되돌아옵니다. 양양군의 양양연어사업소에서는 연어의 생애를 연구하고 보다 과학적이고 체계적으로 연어 자원을 관리하기 위해 노력

하이원 스키장(정선군)

정선군의 동남쪽 끝인 고한읍에 위치한 정선 하이원 스키장은 설질이 좋기로 유명해 초급부터 고급까지 스키와 보드를 즐기는 사람들이 찾고 있다.

화천 산천어축제 강원도 화천 화천천 일대에서 산천어를 주제로 열리는 겨울 축제로 얼음낚시, 맨손잡기, 봅슬레이 등 다양한 체험을 할 수 있다.

평창 송어축제 국내 최대의 송어 양식지가 있는 강원도 평창에서 열리는 겨울 축제로 송어낚시, 썰매 체험 등 다양한 프로그램을 즐길 수 있다.

양양 남대천 연어축제
남대천에서 태어나 바다로 갔던 연어들이 돌아오는 때를 맞춰 개최하는 축제다. 매년 10월 연어에 관한 각종 체험을 할 수 있다.

설악산 단풍축제 산자락까지 단풍이 절정을 이루는 10월 말에서 11월 초 설악산에서 열리는 축제로 2015년 제1회 개최되었다. 단풍 길 걷기, 사진 찍기, 단풍빵 만들기 등 단풍을 소재로 하는 다양한 체험을 할 수 있다.

하고 있지요.

이밖에도 영월, 정선, 삼척 일대에는 석회암 동굴이 있어요. 석회암이 지하수에 녹으면 탄산칼슘과 이산화탄소가 생기는데, 지하수 속에 녹아 있던 탄산칼슘은 물과 이산화탄소가 증발하면 딱딱하게 굳습니다. 석회암 동굴의 천장에는 이런 과정을 거쳐 고드름처럼 길게 종유석이 자랍니다. 종유석에서 한 방울씩 동굴 바닥으로 떨어지는 물과 이산화탄소가 증발하고 나면 그 자리에 죽순처럼 자라는 석순이 생깁니다. 종유석과 석순이 만나면 돌기둥을 이루게 되는데, 이를 석주라고 불러요. 그밖에도 수많은 시간을 거쳐 만들어진 다양한 모양의 지형들이 석회동굴을 마치 지하 궁전처럼 느껴지게 합니다. 영월의 고씨동굴, 정선의 화암동굴, 삼척의 환선굴, 대금굴 등은 유명한 석회동굴이에요. 이렇듯 삼척에는 학술적인 가치가 떨어지는 크고 작은 동굴까지 모두 합하면 82개의 동굴이 있다고 해요. 단군신화의 환웅이 백두산 신단수 지역이 아닌 삼척으로 내려왔다면 사람이 되기를 바라는 곰과 호랑이를 어느 동굴에 넣어야 할지 한참을 고민했을 것이라는 우스갯소리도 있습니다. 삼척에서는 2002년 세계동굴엑스포가 개최되었어요. 삼척시 성남동에는 세계동굴엑스포가 개최되었을 때 주행사장 역할을 했던 곳에 동굴전시관을 만들었어요. 세계의 유명한 동굴, 영화 속의 동굴, 동굴의 과거와 현재, 미래, 동굴에서 서식하는 박쥐의 생태 등을 살펴볼 수 있어요.

화암동굴

강원도 정선군 화암면에 있는 동굴로 일제 강점기 때 금을 캐던 천포광산이었다. 채굴 중 발견한 석회 동굴과 금광 갱도를 활용하여 동굴로 조성하였는데, 관람할 수 있는 총 길이가 약 1,803m이다. 천연 동굴 구간에서는 다양한 모양의 종유석과 석순, 석주들을 볼 수 있다. 주차장에서 모노레일을 타고 동굴로 들어갈 수 있다. 동굴 내부는 주제에 따라 구간별로 꾸며져 있다. 역사의 장에서는 일제 강점기 때 강제 동원된 광부들의 고난을 엿볼 수 있다. 금 채굴 과정과 금 제품 생산에 대한 전시 공간, 어린이들을 위한 테마 공간, 신비로운 석회 동굴 등 다양한 볼거리가 있다.

종유석, 석순, 석주

종유석은 지하수에 용융된 석회 성분이 고결되어 만들어진 고드름 모양의 암석으로 석회암 동굴의 천장에 생긴다. 석순은 종유석에서 떨어진 지하수가 죽순과 비슷한 모양으로 위를 향해 자란다. 종유석과 석순이 자라다가 결국엔 서로 만나 하나의 기둥 모양을 형성하는데 이것이 석주, 즉. 석회 동굴 돌기둥이다.

광산도시에서 관광도시로, 영월·정선·태백·삼척

강원도의 영월군, 정선군, 태백시, 삼척시의 공통점은 무엇일까요? 영월군과 정선군은 영서지방에 있고, 태백시와 삼척시는 영동지방에 있어서 네 지역의 공통점을 찾기 어렵나요? 이들은 모두 광산도시였다는 공통점이 있어요. 그리고 1960~1980년대 광업이 성장하면서 인구가 크게 늘어났어요. '거리에 지나다니는 개도 돈을 물고 다닌다.'는 말이 생길 정도로 부유한 지역이었지요. 그러다가 1990년대 이후 폐광되면서 급속하게 쇠퇴했다는 점, 2000년대 들어서 광산도시의 이미지를 벗고 관광도시로 다시 발전하고 있다는 점이 공통점입니다.

광업은 광복 후 우리나라의 경제 발전에 큰 역할을 한 산업이에요.

석탄을 캐는 광부 조형물
정선에 있는 이 조형물은 크고 작은 안전사고 희생자를 기리기 위한 추모의 의미와 광부로서 산업화의 기수였던 그들을 기억하고자 세워졌다.

6·25전쟁 이후 우리 정부가 스스로의 힘으로 경제를 일으키기 위해 할 수 있었던 것이 지하자원을 개발해 수출하는 것이었어요. 1950년대 텅스텐, 흑연, 고령토, 무연탄 등의 지하자원이 우리나라 전체 수출에서 70% 넘게 차지했어요. 지하자원의 수출은 외화를 벌어들이는 것뿐만 아니라 우리나라 경제발전의 기틀을 마련하는 데에도 기여했습니다.

1970년대 들어서 정부에서는 중화학공업을 키우는 정책을 세웠어요. 그때 석탄이 핵심적인 연료로 주목받았고, 서민들의 난방연료가 되었지요. 경제가 급속하게 성장하면서 고속도로, 댐, 다리, 아파트 등이 건설될 때에도 석회석이 풍부하지 않았다면 짧은 시간에 이만큼 성장하기 어려웠을 거예요. 경상북도 포항의 포항제철에서 철광석을 녹여 순수한 철 성분을 얻는 데는 촉매 역할을 하는 석회석이 꼭 필요해요. 강원도의 품질 좋은 석회석은 포항의 제철소가 원활하게 철강제품을 생산해 내는 데 중요한 역할을 했습니다.

영월에는 텅스텐 광산과 석회석 광산이 많은데요. 특히 상동 지역의 텅스텐 광산은 단일 광산으로는 매장량과 생산량이 세계 최대였답니다. 1960년대에는 우리나라 수출품 1위가 텅스텐인 적도 있었는데,

텅스텐(왼쪽)
무겁고 단단한 백색 또는 회백색의 금속 원소로 백열등의 필라멘트, 각종 전기·전자 부품, 무기 등의 재료로 사용된다.

흑연(가운데)
탄소로 이루어진 무르고 검은색을 띤 광물이다. 연필심, 전극, 탄소봉, 도가니 등을 만들 때 쓰인다.

고령토(오른쪽)
장석류의 암석이 풍화되어 만들어진 점토 광물로 백색 또는 회색을 띠며 도자기의 원료로 사용된다.

포항제철

영월, 정선, 태백, 삼척 탄광에서 캔 석회석은 포항제철에서 철광석을 녹여 순수한 철을 얻는 데 중요한 촉매제 역할을 한다.

미국으로의 수출길이 막히고 중국의 값싼 텅스텐이 국내로 수입되면서 경쟁력을 잃기 시작해 1992년에 폐광되고 말았습니다.

정선군과 태백시 인근은 우리나라에서 무연탄이 가장 많이 매장되어 있는 지역입니다. 무연탄은 1980년대까지 우리나라 모든 가정에서 난방을 하고 음식을 만드는 데 없어서는 안 되는 중요한 연료였어요. 우리나라에서 무연탄을 본격적으로 개발하기 시작한 것은 일제강점기부터였지요. 6·25전쟁 후에는 북한지역에서 생산되던 무연탄을 사용할 수 없게 되자 정선군과 태백시 일대에서 무연탄을 많이 캐기 시작했어요. 태백은 한때 탄광이 45개나 가동될 정도로 활기를 띠던 곳이었어요. 그런데 1989년 석탄산업 합리화 정책 이후로 모두 문을 닫고 현재는 두 개의 탄광만 운영되고 있다고 해요.

동해바다를 끼고 있는 삼척은 탄광뿐만 아니라 석회석 광산도 많았습니다. 동해시의 북평항과 동해항은 석회석을 가공해 만든 시멘트를 운송하는 항구입니다. 대부분의 광산들이 1990년대에 폐광되었지만, 시멘트의 원료가 되는 석회석을 캐내는 광산만은 우리나라의 건축 열기를 타고 아직 건재합니다. 그러나 석회석 광산은 분진과 소음 때문에 주변 지역 주민들과 마찰을 빚고 있어요.

영월, 정선, 태백, 삼척은 광산 때문에 갑자기 큰 도시로 발전했어요. 그러나 1990년대에 대대적으로 폐광이 되자 그곳에서 일하던 광부들과 그 가족들이 떠나면서 살던 집이며, 그들을 상대로 하던 식당, 미용실, 심지어 학교까지 모두 문을 닫아야 했어요. 인구가 얼마나 줄었냐하면, 태백시의 경우 1987년에 12만 명을 넘었던 인구가 최근에는 5만 명가량으로 줄어들었어요. 잘나가던 도시들이 하루아침에 시커먼 석탄재를 수북하게 덮고 있는 유령도시가 되어버린 거예요.

이 지역들을 되살리기 위해 정부에서는 '폐광지역개발지원에관한특별법'을 만들었어요. 폐광지역에 카지노를 비롯해 리조트 시설과 같은 관광시설들을 쉽게 세울 수 있도록 허가해 주었어요. 그래서 정선에 국내에서는 최초로 국내인들도 출입할 수 있는 카지노가 세워졌고, 폐허가 되다시피 한 광산시설들은 관광객들에게 체험의 기회를 제공할 수 있는 장소로 이용되고 있어요. 폐광이 관광지로 개발되면서 일반인들에게는 색다른 체험과 탄광이었을 때의 모습을 엿볼 수 있는 기회를 제공하고, 해당 지역에는 낙후된 경제를 회복시킬 수 있는 계기가 되고 있어요.

영월군 마차리에는 '탄광문화촌'이 있어요. 탄광생활관, 탄광갱도 체험장 등이 있어서 과거 광부들이 어떻게 생활했고, 광산에서는 어떻게 일했는지를 보고 체험할 수 있습니다.

정선군 고한읍에는 1964년부터 2001년까지 무연탄을 캐냈던 삼척 탄좌 시설을 복합문화예술단지로 만든 '삼탄아트마인'이 있어요. 삼척탄좌라는 뜻의 '삼탄'과 '예술(Art)'과 '광산(mine)'의 합성어로 문화예술을 캐는 곳이라는 뜻이에요. 폐광 시설물과 사라져 가는 생활 현장을 보존하고 관리하는 한편, 새로운 장르인 예술과 결합시킨 삼탄아트마인은 수많은 관광객들을 정선으로 불러들이는 역할 뿐만 아니라 정선의 지역경제 발전에도 큰 몫을 하고 있어요.

태백시 철암동의 철암탄광역사촌은 광산촌 주민들의 생활 역사를 기억하기 위해 만들었어요. 석탄산업이 호황일 때 태백시 철암지역에는 광부들이 살던 많은 건물들이 지어졌어요. 하지만 재개발 과정에서 많은 건물들이 헐려 나갔지요. 이를 안타깝게 여겨 아직 헐리지 않

석탄 박물관(태백시)
강원도 태백시에 있는 석탄 전문 박물관이다. 지상 3층, 지하 1층의 규모로 되어 있는데, 한국 석탄 산업의 변천사와 석탄에 관한 다양한 자료를 전시하고 있다.

삼탄아트마인

삼척탄좌 폐광 이후 침체된 지역사회에 활기와 문화적 정서를 일깨우기 위해 창조적인 문화예술단지로 되살렸다.

◆ 수직 갱도는 삼척탄좌에서 캐올린 모든 석탄을 집합 시키던 시설로 삼탄아트마인의 대표 이미지이며 위대한 조형작품으로 재평가받고 있다.

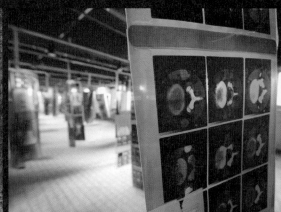

◆ 삼탄의 석탄을 캐던 수평갱을 개조해서 만든 동굴전시관. 동굴에서 시작되었던 미   ◆ 수백 명의 광부들이 동시에 사용했던 샤워실은 당시 그들의 폐

은 11개동을 보존하는 차원에서 만든 것이 탄광역사촌입니다. 태백시에는 석탄 박물관도 있어요. 우리나라 석탄산업이 어떻게 변천되어 왔는지 석탄은 어떻게 만들어졌는지 등을 알아볼 수 있는 세계 최대의 석탄 전문 박물관입니다. 이 박물관은 1997년에 문을 열었어요. 특히 지상 3층에서 엘리베이터를 타고 내려가도록 되어 있는 제8전시실은 탄광의 갱도를 실제 상황처럼 만들어 놓았어요. 정말 탄광 안으로 들어온 듯한 체험을 할 수 있고, 갱이 무너지는 모습까지도 볼 수 있어요.

그리고 광산에서 캐낸 생산물을 이동시키던 철로들을 고쳐서 레일바이크를 만들었어요. 정선군은 2005년 우리나라에서 가장 먼저 구

석탄 박물관 제8전시실
탄광 갱도의 실제 모습과 가깝게 만들어 놓은 곳으로 다양한 체험을 할 수 있다. 특수 효과로 갱이 무너지는 모습을 연출하여 광산의 위험성과 광산 노동자들의 노고를 느낄 수 있게 하였다.

절리역에서 아우라지역까지 7.2km 구간의 폐 철로를 고쳐서 레일바
이크 사업을 시작했어요. 폐 철로를 달리다 보면 남한강 상류의 구불
구불한 계곡을 끼고 돌거나 깎아지른 듯한 절벽을 만나기도 하고 가
지런히 옥수수가 심어져 있는 밭 가운데를 지나기도 해요. 이런 이색
체험은 금방 입소문을 타고 전국으로 퍼져 나갔습니다. 전국에서 관
광객들이 모여 들어 예약이 몇 달씩 밀릴 정도로 인기가 많다고 해요.

삼척에도 레일바이크가 있어요. 삼척군은 궁촌역에서 용화역에 이
르는 5.37km 해양레일바이크예요. 푸른 동해바다를 바라보며 아름다
운 해송숲 사이를 지나고, 다양한 주제로 꾸며진 터널들을 지나다 보
면 왕복 10km 남짓한 거리가 짧게 느껴진답니다.

광산에서 광부들이 캐낸 중석, 무연탄, 시멘트 등을 실어 나르던 산
업철도는 생산물이 줄어들어 거의 폐허가 되다시피 했는데요. 석탄산
업이 호황을 이루었던 때에는 수많은 승객과 화물을 실어 나르던 작
은 기차역들은 폐광들이 속출하면서 오랜 기간 동안 열차가 서지 않

● 산업철도 태백선
충북 제천시의 제천역과 강원도 태백시의 백산역을 잇는 산업철도 노선이다.

● 정선아리랑열차
코레일 주관으로 태백선, 정선선, 중앙선을 왕복하는 관광열차이다.

는 곳이 되어 버렸어요. 그러나 드라마와 광고의 배경에서나 나올 것 같은 아름다운 경관과 깨끗한 공기가 관광객들을 불러 모으고 있어요. 사람들의 기억 속에서 잊히던 폐광 지역의 기차역이 관광열차를 통해 다시 활기를 찾고 있습니다. 중부내륙 관광열차, 백두대간 협곡열차, 정선아리랑열차 등이 운행되면서 많은 관광객들이 찾고 있는 곳으로 바뀌어 가고 있어요. 특히 도계의 흥전역에서 나한정역 구간은 경사가 매우 심해서 기차가 바로 올라가지 못하고 지그재그로 올라가는 구간이었어요. 우리나라에서 유일하게 철로가 지그재그로 되어 있던 스위치백 구간은 터널이 뚫리면서 사라지게 되었는데요. 관광열차가 스위치백 구간을 다시 운행하고 있습니다.

고랭지는 대관령 근처에만 있나요?

고랭지는 지대가 높아서 여름철에는 냉량하고 겨울에는 매우 추운 기후를 가진 지역을 의미합니다. 고랭지의 가장 큰 특징은 첫서리와 첫눈이 빨리 내리고 마지막서리와 마지막눈이 늦다는 거예요. 대부분의 작물은 마지막서리가 내린 후부터 첫서리가 내리기 전까지의 기간 동안 자라기 때문에 고랭지 지역은 작물이 자랄 수 있는 기간이 매우 짧아요. 보통 해발고도 400m 이상에 위치한 농경지에서 이러한 특징이 나타납니다.

우리나라에는 이러한 고랭지가 거의 전국에 걸쳐 분포합니다. 그중 강원도가 전체 고랭지의 약 80%를 차지하고 있어요. 그 다음은 경상북도, 경상남도, 전라북도 순으로 나타납니다. 지대가 높고 험준한 태백산맥과 소백산맥이 분포하는 곳에 고랭지가 많다는 것을 알 수 있지요. 고랭지가 가장 많은 지역은 역시 대관령을 포함하는 강원도의 평창군입니다. 그 뒤를 정선군, 횡성군, 홍천군, 삼척시 등이 따르고 있어요. 경상북도의 영양, 봉화, 전라북도의 무주, 진안, 장수 등도 남부 지방의 고랭지로 유명한 곳입니다.

고랭지배추밭

2 푸른 동해바다를 품은 곳, 영동지방

대관령의 동쪽 영동지방은 서쪽으로는 1,000m 이상 높이의 태백산맥이 남북으로 뻗어 있고 동으로는 깊고 푸른 동해바다를 마주하고 있습니다. 태백산맥이 동서 교통의 장애물이었지만 서쪽에 남북으로 뻗어 있는 태백산맥이 겨울철의 차가운 북서 계절풍을 막는 역할을 해서 겨울이 따뜻합니다. 동쪽에는 깊고 푸른 동해바다가 있어 여름에는 시원하지요. 천혜의 자연 조건을 갖추고 있기 때문에 살기 좋은, 살고 싶은 곳으로 손꼽히고 있는 곳입니다. 산과 들에서 나는 곡식과 바다에서 잡아 올리는 싱싱한 해산물이 어우러져 먹을거리도 풍부한 영동지방은 늘 여행자의 발길을 붙잡는 곳입니다.

- 대관령의 동쪽 영동지방은 태백산맥이 차가운 북서계절풍을 막아 주어 겨울에는 따뜻하고, 동쪽으로 동해가 있어 여름에는 시원하다.
- 태백산맥 중 가장 높은 봉우리는 설악산의 최고봉인 대청봉(1,708m)이다. 설악산은 한계령과 미시령을 경계로 하여 동해쪽은 외설악, 서쪽은 내설악, 오색약수와 온천으로 유명한 남설악으로 구분하기도 한다. 공룡능선, 용아장성, 울산바위 등 우리나라 제일의 암석지형을 보여주는 국립공원이다.
- 관동팔경이란 관동 지방에 있는 여덟 곳의 경치가 좋기로 이름난 곳을 말한다. 그중 간성의 청간정, 양양의 낙산사, 강릉의 경포대, 삼척의 죽서루가 강원도에 속한다.

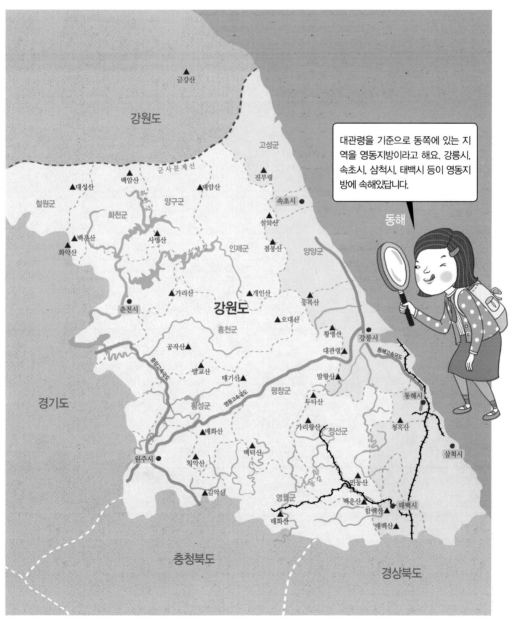

대관령을 기준으로 동쪽에 있는 지역을 영동지방이라고 해요. 강릉시, 속초시, 삼척시, 태백시 등이 영동지방에 속해있답니다.

강릉으로 떠나는 문화 여행

강릉은 드넓은 동해바다와 태백산맥이 둘러져 있는 역사 깊은 문화관광도시입니다. 눈부신 백사장과 깨끗한 동해바다에서 해수욕을 즐길 수 있고 급경사의 태백산맥의 깊은 계곡에서는 삼림욕과 물놀이를 즐길 수 있습니다. 현모양처의 대명사인 신사임당이 율곡을 낳은 오죽헌이 있고, 300여 년 동안 잘 보존되어 온 99칸의 양반집 주택인 선교장이 있습니다. 아름다운 경포호수와 관동팔경 중 제일이라는 경포대도 빼놓을 수 없고요. 또 유네스코 인류무형문화유산으로 등록된 강릉 단오제가 매년 음력 5월 5일을 기해 일주일 동안 펼쳐지는데요. 농작물의 생장이 왕성해지는 시기를 앞두고 한 해 농사의 풍년을 기원하는 제사를 올리고 창포로 머리 감기, 씨름, 그네뛰기 등의 세시풍속을 즐길 수 있습니다.

　매년 10월이면 열리는 강릉 커피축제도 볼거리가 풍부합니다. 강릉은 전국에서 유일하게 커피를 생산하는 곳이고, 가공, 제조, 판매

○ 강릉 단오제
음력 5월 5일을 전후하여 열린다. 자연 재해를 입지 않고 평화롭고 풍요롭게 살기를 기원하며 신들에게 제사를 지내는데, 유교·무속·불교의 제례 의식이 공존한다. 강릉 단오굿, 관노가면극, 민속놀이, 창포물에 머리 감기 등 다양한 행사가 펼쳐진다.

○ 오죽헌
강원도 강릉시 죽헌동에 있는 조선 시대 건물이다. 율곡 이이의 외가로 신사임당이 율곡을 낳은 곳으로 유명하다.

커피커퍼 커피박물관
커피농장과 커피박물관을 운영하는 커피커퍼는 세계 각국의 독특한 커피의 역사와 문화를 전하며, 커피를 제대로 이해하고 체험할 수 있도록 하고 있다.

까지 커피와 관련된 산업이 고루 발달되어 있어요. 커피커퍼(Coffee Cupper) 농장은 국내 최초로 상업용 커피가 생산된 의미 있는 커피농장입니다. 커피박물관에서는 커피와 관련된 다양한 지식을 얻을 수도 있고 체험도 할 수 있지요.

오죽헌과 선교장 등 유교적 전통이 강한 강릉은 커피와는 왠지 어울리지 않는 것처럼 보입니다. 그러나 동국여지승람에 강릉시 강동면 남항진의 한송정이 우리나라 차 문화의 발생지였다는 기록이 있어요. 신라의 화랑들이 동해안의 정자에서 다도를 배웠다고도 하고요. 오랜 전통을 가진 차 문화가 오늘날의 커피 문화로 자연스럽게 이어진 것은 아닐까요?

강릉을 방문하면 초당두부를 꼭 먹어 봐야 해요. '초당'은 '홍길동전'

을 지은 허균의 아버지 허엽의 호입니다. 허엽이 강릉부사로 있을 때 깨끗한 동해바닷물을 길어다 간수로 사용해 손수 두부를 만들었다고 해요. 이 두부가 맛있다고 소문이 났고, 이 후 사람들은 허엽의 호인 '초당'을 두부에 붙여서 '초당두부'라고 불렀다고 합니다. 지금도 강릉의 초당마을은 초당두부라는 이름으로 유명세를 타고 있지요.

그밖에도 감자를 갈아 거른 건더기와 가라앉은 앙금을 섞어 소금 간하여 새알 크기의 감자옹심이를 빚은 후 장국에 감자옹심이를 넣고 끓인 감자옹심이도 강릉을 대표하는 음식입니다.

○ 초당두부
간수 대신 바닷물을 사용하여 두부를 만들어 부드럽고 깊은 맛이 난다.

○ 감자옹심이
감자를 갈아 가라앉힌 후 앙금과 건더기를 섞어 반죽한 다음 새알 크기로 떼어 육수에 넣고 끓인다.

겨울 놓치면 말짱 도루묵

조선시대에 한 임금님이 강원도 동해안에 들렀을 때, 신하가 그곳 백성들이 즐겨 먹는 생선이라며 임금님의 수라상에 올렸습니다. 조심스럽게 생선을 맛 본 임금님의 눈의 휘둥그레졌습니다. 생선의 맛이 기가 막히게 좋았기 때문이지요. 생선의 이름을 물으니, 신하는 '묵'이라고 대답했습니다. 임금님은 이렇게 맛있는 생선의 이름이 '묵'인 것이 못마땅하여, 앞으로는 '은어'로 부르도록 명했습니다. 생선의 배가 하얗고 반짝반짝했기 때문입니다. 한양으로 간 임금님은 그때 먹었던 '은어'라 이름 붙인 생선을 또 먹고 싶었습니다. 그래서 신하에게 그때 먹었던 생선을 가져오도록 명령했습니다. 며칠 후 수라상에 오른 '은어'를 맛 본 임금님은 기분이 매우 언짢았습니다. 그때 그 맛이 아니었거든요. 그래서 임금님은 이렇게 말했습니다. "여봐라, 이 생선의 이름을 도로 묵이라고 하여라."

그때 그 생선이 바로 '도루묵'입니다. 10월부터 12월 초까지 강릉의 주문진항, 고성 거진항, 속초 청초항 등 강원도의 주요 어항에서는 도루묵이 풍년입니다. 통통한 알이 가득 든 '알갖이 도루묵'이 가장 맛이 좋다고 해요.

강원도 동해안에서는 도루묵이 잡히는 시기와 비슷한 시기에 양미리라는 생선도 많이 잡힙니다. 꽁치처럼 가늘고 길쭉하게 생겼는데 꽁치보다 훨씬 가느다란 생선입니다. 생으로 석쇠에 구워 먹기도 하고 말려서 간장에 조려 먹기도 합니다.

11월이 되면 속초시에서는 양미리 도루묵축제를 개최

합니다. 양미리와 도루묵은 겨울철 동해안의 대표적인 겨울 별미 어종이어서 찾는 사람이 점차 늘어나고 있습니다.

양미리와 도루묵 말고도 심퉁이라는 별명이 붙은 도치, 생긴 것은 험악하지만 시원한 국물 맛이 일품인 곰치(물곰), 감자와 함께 고춧가루를 듬뿍 넣어 국물을 자작하게 조려 낸 찜으로 먹는 장치 등은 겨울철 동해안이 아니면 맛 볼 수 없는 생선들이에요.

물고기 하면 또 하나 놓칠 수 없는 것이 양양의 남대천을 따라 올라오는 연어떼의 장관입니다. 손가락만 한 연어의 어린 물고기는 고향

양미리 도루묵축제
강원도 속초에서 11월에 열리는 축제다. 동해에서 잡은 양미리와 도루묵을 소재로 하여 시식회 및 공연, 전시 등을 펼친다.

연어축제
양양 남대천에서 태어나 바다로 갔던 연어들이 돌아오는 때를 맞춰 개최하는 축제다. 매년 10월 연어와 관련한 각종 체험을 할 수 있다.

을 떠나 동해를 거쳐 북태평양에서 3~5년간 성장한 뒤 10월 중순쯤부터 하루 2,000여 마리씩 남대천으로 다시 돌아온다고 합니다. 자신이 태어난 곳으로 돌아와 알을 낳고 생을 마감하지요. 양양연어사업소에서는 어미 연어를 포획하여 알을 채취한 후 부화시켜 다시 방류하는 일을 하고 있어요. 연어가 이동하는 경로를 파악하고 활동 반경, 연령, 성장 과정 등에 대한 추적 자료를 얻기 위해 연어를 방류할 때 등지느러미에 표지를 붙여 방류하기도 했어요. 표지가 붙어 있는 연어를 신고하면 기념품을 받을 수 있다고 합니다. 양양군에서는 해마다 연어떼가 돌아오는 10월에 연어축제를 열고 있습니다.

울산바위 때문에 생겨난 이름, 속초

속초에 가면 기이한 바위 절벽이 장관을 이루고 있는 설악산이 가장 먼저 눈에 들어옵니다. 이런 설악산을 바라보면 가장 눈에 띄는 바위는 울산바위입니다. 울산바위는 둘레가 거의 4km에 이르는 6개의 큰 봉우리로 이루어진 어마어마하게 큰 바위입니다. 울산바위는 울타리처럼 생겨서 그런 이름이 붙었다고도 하고, 바람이 많은 산에서 바람이 불어 나오는 것을 하늘이 울고 있는 것과 같다고 해서 천후산이라고도 불렸습니다. 이 울산바위에 얽힌 재미난 이야기가 있습니다.

전설에 의하면 금강산 산신령이 금강산의 경치를 빼어나게 빚으려고 전국에서 잘 생긴 바위는 모두 금강산에 모이도록 명령을 내렸어요. 울산에 있던 큰 바위도 그 말을 전해 듣고는 금강산으로 길을 떠났습니다. 그런데 이 바위는 워낙 덩치가 크고 몸이 무거워서 느릿느릿 가다보니 설악산쯤에 이르렀을 때에 이미 금강산은 다 빚어지고 말았어요. 그래서 그냥 설악산 한쪽에 눌러앉은 것이 오늘날의 울산바위입니다.

이 바위 때문에 속초라는 이름이 생겼어요. 조선시대에 설악산을 구경하러 왔던 울산고을의 원님이 우연히 울산바위에 얽힌 전설을 듣게 되었어요. 다짜고짜 울산바위 아래에 있는 절인 신흥사를 찾아갔지요. 그리고는 신흥사의 주지스님에게 울산바위는 제 고을의 바위이니 남의 바위를 차지하고 있는 대가로 세금을 내라고 주장했어요. 신흥사 주지스님은 어처구니가 없었지만 마지못해 울산고을의 원님에게 매년 세금을 바쳤습니다. 신흥사는 매년 추수한 곡물을 거의 다 세

울산바위
설악산 북쪽에 거대한 봉우리들이 병
풍 같은 모습으로 자리 잡고 있는 바위
산이다. 국가지정문화재 명승 제100호
로 지정되어 있다.

금으로 내야 했기 때문에 점점 절의 살림이 기울었어요. 그러던 어느 날 신흥사에 머물던 한 동자승이 이 문제를 해결하겠다고 나섰어요. 동자승은 울산고을 원님에게 이제는 세금을 더 이상 못 내겠으니 울산바위를 울산 땅으로 도로 가져가라고 했지요. 이에 화가 난 원님은 재로 새끼를 꼬아 울산바위를 묶어 주면 가져가겠다고 으름장을 놓았어요. 새끼는 짚으로 꼬는 것이지 재로는 꼴 수 없는 것이거든요. 울산고을 원님은 계속 세금을 받아 갈 심보였던 거예요.

재로 어떻게 새끼를 꼴 수 있을까를 생각하던 동자승은 좋은 생각이 떠올랐어요. 동자승은 청초호와 영랑호 사이, 곧 지금의 속초 시가지가 자리 잡은 땅에 많이 자라고 있던 풀로 새끼를 꼬았습니다. 그리고 그 새끼로 울산바위를 동여맨 후에 새끼를 불에 태웠어요. 그랬더니 불에 탄 새끼는 재가 되었지만 새끼 모양을 그대로 유지하고 있어서 마치 재로 꼰 새끼처럼 보였어요. 당연히 울산고을의 원님은 이 바위를 가져갈 수 없었고, 세금을 내라는 말도 더는 못하게 되었습니다. 이런 일이 있고 난 뒤에 청초호와 영랑호 사이에 있는 지역을 한자로 묶을 속(束)자와 풀 초(草)자로 적는 속초라고 부르게 되었다고 합니다.

속초의 면적은 강원도 시군 중에서 가장 적어요. 전국에서 가장 면적이 넓은 홍천군의 17분의 1에도 못 미칩니다. 그런데 인구는 홍천군보다 훨씬 많고 관광객은 연간 1,000만 명이 다녀가는 곳입니다. 속초시는 관광 관련 산업이 전체 산업의 75%가까이나 됩니다. 가까이에 설악산 국립공원이 있기 때문이기도 하지만 청초호와 영랑호와 같은 석호가 있고 갖가지 볼거리 먹거리들이 관광객들의 눈과 입을 사로잡기 때문입니다.

속초에 가면 속초 시내는 물론 기암절벽의 설악산과, 해안선을 따라 멀리 금강산 자락까지 한번에 구경할 수 있는 속초등대전망대에 올라 보아야 합니다. 탁 트인 푸른바다와 파도소리, 오고 가는 배들의 뱃고동소리, 이리저리 날아다니는 흰 갈매기들까지 동해안의 모든 것이 한눈에 들어오는 듯합니다.

속초는 북한이 고향인 실향민들이 많이 살고 있어요. 6·25전쟁 때 북한에서 피난 온 사람들이 휴전선 때문에 고향으로 돌아가지 못하고 고향 가까운 곳에 삶터를 정한 것입니다. 이들이 살고 있는 마을이 아

속초등대전망대
속초시 영랑동에 있으며 영금정전망대로도 불린다. 속초시와 동해, 설악산, 멀리 금강산 부근까지 볼 수 있다.

○ **아바이마을 갯배** 속초시내와 청호동 아바이마을 사이의 교통수단인 갯배는 30여 명이 탈 수 있는 직사각형의 거룻배이다. 양쪽으로 길게 연결된 쇠줄에 고리를 걸고 잡아당겨 건넌다.

○ **아바이순대골목** 아바이순대는 주로 돼지의 대창 속에 찹쌀밥, 선지, 여러 가지 부재료를 넣고 쪄낸 것이다. 아버지의 함경도 사투리인 '아바이'가 의미하는 대로 넉넉하고 푸짐한 식사를 할 수 있는 아바이순대골목은 속초의 명물이다.

바이마을이에요. 아바이마을에 가려면 갯배를 타야 합니다. 갯배는 속초시내와 아바이마을 사이에 놓인 속초항 수로를 건너는 유일한 교통수단이에요. 갯배는 긴 철선 두 가닥을 매어 놓고 철선 하나에 갈고리를 걸어 당기면서 배를 앞으로 끌어당기는 방법으로 이동해요. 누가 해 주는 것이 아니라 배를 탄 사람이면 누구나 갈고리를 잡아 당겨야 건널 수 있습니다. 아주 가까운 거리이지만 갯배를 체험해 보는 것도 좋습니다. 아바이마을에 가면 아바이순대와 오징어순대를 꼭 먹어야 해요. 아바이순대는 함경도 지방의 전통음식이에요. 함경도 사람들은 아버지를 '아바이'라고 불러요. '아바이'가 의미

속초관광수산시장
6·25 전쟁 이후 속초가 수복되자마자 형성된 유서 깊은 시장으로 중앙시장에서 이름이 바뀌었다. 각종 수산물과 특산물이 가득한 동해안 대표 시장이다. 닭강정, 오징어순대, 씨앗호떡 등 먹거리가 유명하다.

하는 대로 아바이순대는 보통 순대보다 훨씬 크고 순대의 소로 찹쌀밥이 들어가서 식사를 대신할 수 있을 정도로 든든하게 먹을 수 있어요. 순대의 주머니는 보통 돼지의 장을 사용하는데, 오징어순대는 통오징어의 몸통에 소를 채워 넣고 쪄 냈습니다. 둘 다 맛이 기가 막힙니다.

속초 시내로 들어가 속초관광수산시장(옛 중앙시장)의 명물인 씨앗호떡과 닭강정도 빼놓을 수 없는 속초의 먹거리입니다.

백두대간의 비단길, 설악산국립공원

우리나라에서 단풍 소식을 가장 먼저 전하는 산이 어디일까요? 가을이 되면 하루의 낮 시간이 짧아지고 기온도 점점 내려가면서 나뭇잎의 광합성이 줄어들어요. 그러면 엽록소는 점점 줄어들고 빨강, 노랑빛을 내는 색소들이 분해되면서 붉은색과 노란색으로 나타나는데, 이것이 단풍입니다. 따라서 단풍은 북쪽에 있는 산의 꼭대기에서 먼저 나타나요. 우리나라에서 가장 먼저 단풍 소식을 전하는 산은 설악산입니다.

설악산 국립공원은 백두대간의 중심에 우뚝 솟아 있습니다. 태백산맥 중에 가장 높은 봉우리가 설악산의 최고봉인 대청봉(1,708m)입니다. 봄에는 철쭉을 비롯한 온갖 꽃이 피고, 여름에는 맑고 깨끗한 계곡물이 흐르며, 가을에는 온 산을 붉게 물들이는 단풍, 겨울에는 새하얀

설악산의 꽃과 구름
풍광이 빼어난 설악산은 시시각각 다양한 자태를 드러낸다.

설악산 천불동계곡 단풍 천불동계곡에는 비선대, 귀면암, 오련폭포 등 설악산의 절경이 모여 있다. 특히 단풍이 든 가을의 계곡 모습은 보는 이의 감탄을 불러일으킨다.

눈으로 덮인 풍경 등 사시사철 언제 찾아도 감탄을 불러일으키는 산입니다. 한계령과 미시령을 경계로 하여 동해쪽은 외설악, 서쪽은 내설악, 오색약수와 온천으로 유명한 남설악으로 구분하기도 합니다. 공룡능선, 용아장성, 울산바위 등 우리나라 제일의 암석지형을 보여주는 국립공원이라고 할 수 있지요.

신비스러운 암석과 바위로 이루어진 봉우리, 빼어나게 아름다운 계곡과 폭포를 중심으로 펼쳐지는 자연경관은 설악산의 겉모습이고요. 설악산의 속살을 들여다보면 희귀동식물들이 공존하는 자연생태계의 보물창고입니다. 설악산 일대는 세계적으로 희귀한 자연자원의 분포 서식지로 1982년 유네스코에 의해 우리나라 최초로 생물권보전지

권금성 케이블카
설악동 소공원에서 권금성까지 케이블카를 타고 오를 수 있다.

역으로 설정되었습니다.

설악산의 아름다움을 더해 주는 건 아마도 기암괴석일 거예요. 설악산은 크고 작은 봉우리들마다 화강암으로 이루어진 기이한 암석과 바위가 마치 신이 빚어 놓은 것처럼 화려합니다. 특히 백담사(대청봉에서 100번째에 해당되는 못에 해당하는 곳에 위치한 절이라는 뜻)에서 영시암, 수렴동 계곡, 오세암을 거쳐 망경대에 이르는 코스는 내설악의 아름다운 비경을 감상할 수 있는 곳으로 손꼽히고 있어요.

또한 케이블카를 타고 경치를 감상하며 권금성에 올라갈 수 있어요. 권금성은 고려 때 몽골의 침입을 막기 위해 쌓았다고 합니다. 권 씨, 김 씨 성을 가진 두 장수가 하루 만에 성을 쌓았다고 하여 권금성이라고 불립니다. 권금성 정상에 봉화대가 있는데, 봉화대 꼭대기에 오르면 외설악과 내설악의 경치를 한눈에 볼 수 있습니다.

등산을 좀 해 본 사람은 공룡능선을 타고 대청봉에 올라 봐야 해요. 설악산의 척추 격인 공룡능선은 속초시와 인제군을 나누는 경계입니다. 바위가 뾰족뾰족한 것이 마치 공룡의 등처럼 생겼습니다. 그래서 용이 꿈틀대는 것처럼 보인다 해서 붙여진 이름이에요. 공룡의 등뼈를 연상시키는 기괴한 암석과 험난한 봉우리들이 불뚝불뚝 솟아 있어 산행하는 내내 아름답고 신비로운 경치에 주눅이 들 정도입니다. 곤두박질치듯 내려가다가 코가 땅에 닿을 정도로 경사진 산길을 오르려면 두 손도 발의 구실을 해야 한다고 해요. 이 구간을 지날 때에는 힘들어서 빠져나온 혓바닥이 땅바닥에 질질 끌리므로 혀를 밟지 않도록 조심하라는 농담도 있습니다. 신의 영역이라 할 만큼 험준한 지형이기 때문에 철저하게 준비를 하고 올라가야 합니다.

공룡능선
마등령에서 신선암까지 외설악과 내설악을 남북으로 가르는 중심 능선이다. 그 생긴 모습이 공룡이 용솟음치는 것처럼 함치고 장쾌하게 보여 공룡능선이라고 부른다.

관동팔경을 따라서

관동팔경이란 관동지방에 있는 여덟 곳의 경치가 좋기로 이름난 곳을 말해요. 그 여덟 곳은 통천의 총석정, 고성의 삼일포, 간성의 청간정, 양양의 낙산사, 강릉의 경포대, 삼척의 죽서루, 울진의 망양정, 평해의 월송정입니다.

여기서 '관동'은 어디를 말하는 것일까요? 함경남도 안변군과 강원도 회양군(현재 북한지역)의 경계에는 높이 685m의 '철령'이라는 고개가 있어요. 철령은 교통과 군사적인 면에서 중요한 고개였어요. 그래서 철령에는 요즘의 검문소와 같은 철령관(鐵嶺關)을 설치했어요. 이 철령관의 북쪽을 관북지방, 서쪽을 관서지방, 동쪽을 관동지방이라고 불렀어요. 그러나 좁은 의미에서 관동지방은 백두대간을 횡단하는 길목인 대관령의 동쪽, 즉 오늘날의 영동지역에 해당됩니다. 그

죽서루(보물 제213호)
강원도 삼척에 있는 누각으로 오십천이 내려다보이는 절벽에 자리 잡고 있다. 풍광이 뛰어나 예로부터 관동팔경의 하나로 꼽힌다.

것은 아름답기로 이름난 관동팔경 모두가 영동지방에 속하기 때문이지요.

총석정과 삼일포는 북한지역에 있어 갈 수 없고, 월송정과 망양정은 경상북도에 속해 있어요. 그래서 강원도에 있는 관동팔경은 네 곳이지요. 관동팔경에는 정자나 누대 그리고 절이 많아요. 아마도 사람들이 이곳에서 풍류를 즐기고 빼어난 경치를 노래로 읊었을 거예요. 특히 경북 울진에 있는 망양정은 정자에서 바라보는 경치가 관동팔경 가운데 으뜸이라 하여 조선 숙종이 '관동제일루(關東第一樓)'라는 현판을 하사했어요. 겸재 정선, 단원 김홍도 등이 관동팔경을 멋진 그림으로 남겼고 고려시대에 안축, 조선시대에 송강 정철이 '관동별곡'이라는 노래 가사를 지어 관동의 여덟 경치를 칭송했습니다.

동해안을 따라 남북으로 이어져 있는 7번 국도를 따라 가면서 관동팔경을 구경할 수 있어요. 가장 북쪽에 있는 간성의 청간정은 12개의 돌기둥이 받치고 있는 정자입니다. 정자에 오르면 탁 트인 동해바다가 한눈에 들어와 가슴 속이 시원해진답니다. 창건 연대는 자세히 알 수 없으나, 조선 중종

삼일포
북한 지역인 강원도 고성군에 있는 호수이다.

때(1520년) 고쳤는데, 그 후에 불에 타서 다시 지었다고 해요. 그런데 이곳은 바닷가를 따라 철책이 둘러져 있어서 남북 분단의 아픔을 실감할 수 있어요.

양양의 낙산사는 관세음보살이 살고 있는 성스러운 곳이라는 뜻의 관음성지예요. 관세음보살은 천 개의 눈과 천 개의 손이 있어서 세상의 온갖 소리를 듣고 알 수 있다고 합니다. 그래서 이곳에서 기도를 하면 다른 곳보다 부처님의 베푸는 자비의 힘을 잘 받을 수 있다고 알려져 있어요. 그래서 수많은 사람들이 저마다의 사연을 가지고 기도를 하러 오는 곳입니다. 우리나라의 3대 관음성지는 양양의 낙산사를 포함하여, 강화의 보문사와 남해의 보리암이 있습니다.

낙산사는 의상대사가 671년에 창건했다고 합니다. 절 아래 펼쳐진 해안 풍경이 일품이고, 일출을 볼 수 있는 유명한 장소이기도 해요. 그래서 새해를 맞아 소망을 가득 품고 기도를 하러 절에 오르는 사람들이 유난히 많은 곳이기도 하지요. 그런데 2005년 봄에 영동지방에 큰

● 망양정(정선 그림)
울진에 있는 누정으로 망양해수욕장 남쪽의 바닷가 언덕 위에 자리 잡고 있어 동해를 한눈에 굽어볼 수 있다.

● 총석정(김홍도 그림)
북한 지역인 강원도 통천군에 있는 정자로 바다 위로 솟아 있는 돌기둥(총석) 위에 세워져 있다.

● 해수관음상 관음 사찰인 낙산사에 세워진 높이 16m에 달하는 거대한 관음상이다. 오른손을 살짝 올리고 왼손은 감로수병을 받쳐든 채 미소를 지으며 연꽃 위에 서 있는 관음상의 아름다운 모습에 많은 관광객들이 쉽게 발길을 돌리지 못한다.

산불이 난 적이 있어요. 그때 천년고찰 낙산사도 불길에 휩싸여 완전히 타 버렸습니다. 지금의 낙산사는 2007년 복원한 것이지요.

낙산사에서 남쪽으로 약 50km를 내려오면 강릉의 경포대를 만날 수 있어요. 경포대는 경포 호수의 북쪽 언덕에 자리 잡은 누각입니다. 동해안의 해수욕장 중에서 가장 먼저 떠오르는 경포해수욕장을 찾는 사람들은 매년 수십만 명이나 돼요. 그런데 대부분의 사람들은 경포 호수를 바라보고 잠시 머물다가 바로 해수욕장으로 가 버리기 때문에 정작 경포대는 보지 못하는 경우가 많아요. 경포대에 와서 경포대를 보지 않다니 안타깝기만 합니다.

경포대는 푸른 동해바다와 아름다운 호수를 한눈에 바라볼 수 있는 빼어난 경치 때문에 예로부터 이름난 시인이나 글씨를 잘 쓰는 사람, 그림을 잘 그리는 사람들이 찾던 곳입니다. 경포대 내부를 둘러보면

조선시대 숙종 임금이 직접 지었다는 '어제시'와 율곡 이이가 10세에 지었다는 '경포대부'를 비롯해 수많은 유명인들의 글이 게시되어 있어요. '鏡浦臺(경포대)'라는 현판도 조선 후기 서예가 유한지와 이익회가 쓴 것이 두 개나 걸려 있고, '第一江山(제일강산)'이라는 현판도 명나라 사신 주지번이 쓴 글씨와 양사언이 쓴 글씨가 섞여 있고, 그중

○ 경포대(명승 제108호)
강원도 강릉 경포호 북쪽 언덕에 있는 누각으로 1971년 강원도지방유형문화재 제6호로 지정되었다.

죽서루(정선 그림)

다른 관동팔경의 누, 정이 바다를 끼고 있는 것과 달리 죽서루는 유일하게 강을 끼고 있다. 자연석 위에 길이가 서로 다른 17개의 기둥을 세워 지은 정자로 관동팔경의 정자 중 가장 크다.

에 '江(강)' 자는 후세에 다시 써서 덧붙인 것이라고 해요.

삼척의 죽서루는 오십천 절벽 위에 자리 잡고 있어요. 고려시대 충렬왕 때(1275년) 이승휴가 벼슬을 버리고 숨어 지낼 때 죽서루에 올랐다는 이야기가 있는 것으로 보아 죽서루가 창건된 것은 훨씬 전이라고 할 수 있어요. 죽서루는 관동팔경 중에서 제일 큰 정자이며.유일하게 바다에 접하지 않고 내륙에 있습니다. 누군가는 '죽서루에 올라가 난간에 의지하면 사람은 공중에 떠 있는 듯하고, 강물은 아래에 있어 파란 물빛에 사람의 그림자가 거꾸로 잠긴다.'고도 했습니다.

죽서루는 연대가 오래된 만큼 누대 안에는 수많은 현판이 걸려 있습니다. '제일계정'(第一溪亭)은 조선 현종 3년(1662) 허목의 글씨이며, '관동제일루'(關東第一樓)와 '죽서루'는 조선 숙종 때 이곳 부사였던 이성조의 글씨입니다. 경포대와 마찬가지로 숙종의 어제시(御製詩)와 율곡의 시도 걸려 있습니다.

? 강릉이 커피로 유명해진 이유는 무엇일까요?

강릉이 커피로 유명해진 것은 안목항(지금은 강릉항으로 이름이 바뀌었어요.)에 설치된 이색 커피자판기 때문이라고 할 수 있어요. 강릉의 바닷가는 언제나 관광객들이 붐비는 곳입니다. 이 관광객들을 위한 커피자판기가 안목항 근처에 설치되었는데, 특이하게도 이 커피자판기에서는 콩가루가 들어간 커피도 나오고, 미숫가루가 들어간 커피도 나옵니다. 이 자판기가 알려지면서 사람들이 모이고, 카페들이 하나 둘씩 늘면서 지금 안목항에는 커피거리가 만들어졌습니다.

강릉이 커피로 유명해진 것은 이색 커피자판기뿐만 아니라 우리나라에서 내로라하는 커피 명인들이 강릉에 터를 잡았기 때문이기도 합니다. EBS '직업의 세계'에서 한국 커피 역사의 전설로 소개된 대한민국 1세대 바리스타 박이추 씨를 비롯해, 강릉에 커피나무를 직접 재배하는 농장을 만들어 커피 생두를 생산하고 판매하는 커피농장을 운영하는 김준영 씨 등이 강릉을 대표하는 커피 명인입니다. 숙련된 바리스타가 고급 원두를 사용해 뽑아낸 향기로운 커피를 탁 트인 동해바다를 바라보며 마시면 그 맛이 남다릅니다.

커피커퍼 농장의 국내산 커피 열매

3 태백산맥의 서쪽, 영서지방

영서지방은 태백산맥의 동서를 연결하는 고갯길인 대관령의 서쪽에 자리 잡은 강원도 지역이에요. 대부분의 지역이 산간을 이루고 있어요. 우리나라에서 고랭지 농업이 가장 발달한 곳입니다. 태백, 정선, 영월 등지는 자원이 풍부해 한때 크게 발달했지만 지금은 관광산업으로 새로운 전성기를 맞이하고 있는 곳이지요. 강원도의 도청이 있는 춘천과 첨단 의료 산업의 중심지로 성장하려는 원주는 영서지방의 대표적인 도시입니다. 2018년 평창에서 열리는 동계올림픽은 영서지방뿐만 아니라 강원도 전체의 발전을 이끌 수 있도록 차근차근 준비하고 있어요.

- 대관령의 서쪽 영서 지방은 대부분의 지역이 산간을 이루고 있고, 우리나라에서 고랭지가 가장 많이 분포하여 고랭지 농업이 발달했다.
- 춘천은 강원도의 도청이 있고, 영서 지방의 교육, 행정, 문화의 중심이다. 댐을 건설하면서 만들어진 인공 호수인 의암호, 춘천호, 소양호와 같은 큰 호수가 있기 때문에 '호반의 도시'라고 불린다.
- 치악산(1,288m)은 강원도 원주의 진산으로 횡성과 영월까지 걸쳐 있어 영서지방을 대표하는 큰 산이다.
- 이효석의 소설 '메밀꽃 필 무렵'으로 유명한 평창은 2018년 동계올림픽 개최 예정지로 선정되어 세계 겨울 스포츠인들의 축제를 치르게 되었다.

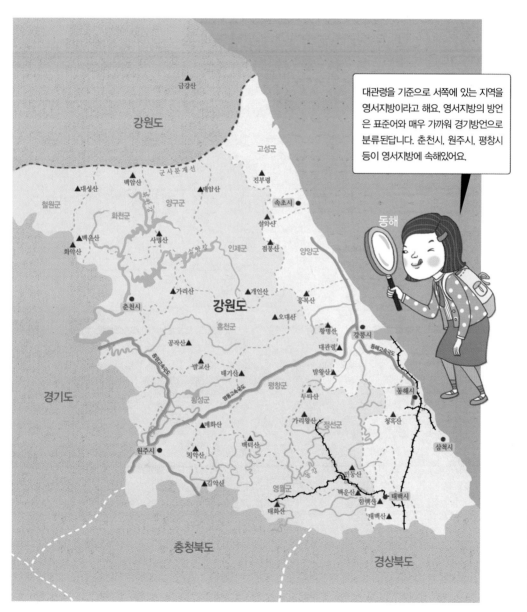

대관령을 기준으로 서쪽에 있는 지역을 영서지방이라고 해요. 영서지방의 방언은 표준어와 매우 가까워 경기방언으로 분류된답니다. 춘천시, 원주시, 평창시 등이 영서지방에 속해있어요.

댐과 호수의 도시, 춘천

영동지방의 중심이 강릉시라면 영서지방의 중심은 춘천시입니다. 춘천시에는 강원도의 도청이 있고, 영서지방의 교육, 행정, 문화의 중심지이기도 합니다.

　강릉은 동해바다를 접하고 있지만 춘천은 바다와 멀리 떨어진 내륙지방이어서 여름엔 덥고 겨울엔 추운 대륙성 기후가 나타납니다. 예로부터 춘천은 산이 깊고 개울이 많았기 때문에 봄이 오는 기운을 가장 먼저 느낄 수 있었다고 해요. 그래서 도시의 이름이 '봄내', 즉 '춘천'으로 불렸다고 전해집니다. 춘천은 우리나라에서 살기 좋은 도시를 꼽으라고 하면 언제나 열 손가락 안에 들 정도로 살기 좋은 곳이랍니다. 아름다운 호수가 있고, 경치 좋은 산과 계곡이 지척이며, 공원이

소양호
강원도 춘천시 양구군과 인제군에 걸쳐 있는 국내 최대의 인공 호수로 1973년 소양강 다목적댐 건설로 생겼다.

나 박물관 같은 문화시설, 레저와 스포츠를 즐길 수 있는 곳이 곳곳에 있기 때문에 편안하고 여유롭게 문화생활을 충분히 즐길 수 있는 곳입니다.

춘천을 이야기할 때 호수를 빼놓을 수 없지요. 춘천이 '호반의 도시'라는 별명을 가지게 된 것은 의암호, 춘천호, 소양호와 같은 큰 호수를 안고 있기 때문입니다. 이 호수들은 모두 댐을 건설하면서 만들어진 인공호수예요. 자욱하게 깔린 물안개가 잔잔한 호수의 풍경과 어우러질 때에는 신비한 세계에 온 듯한 느낌마저 들어요.

금강산에서 물줄기가 시작되는 북한강과, 태백시의 검용소에서 물줄기가 시작되는 남한강이 경기도 양평의 양수리에 있는 두물머리에

남이섬

강원도 춘천시 남산면 북한강에 반달 모양으로 떠 있는 섬이다. 원래 섬이 아니었으나 청평댐이 생긴 후 주위가 물에 잠기면서 섬이 되었다.

서 만나 하나의 강이 되는데, 이것이 한강이에요. 북한강에는 화천댐, 춘천댐, 의암댐 등 수력발전을 위한 댐이 만들어졌어요. 북한강과 합쳐지는 소양강에는 소양강댐이 만들어졌습니다. 이들 댐이 만들어지고 그 안쪽에 거대한 인공호수들이 생기게 된 것입니다. 이 호수들이 주변의 깊은 골짜기와 어우러지면서 아름다운 경치를 만들어 놓았지요.

춘천시는 북한강이 소양강과 만나는 곳에 있는 도시입니다. 인공호수와 아름다운 경치 덕분에 낚시, 보트, 윈드서핑 등을 즐길 수 있는 휴양도시가 되었어요. 호수가 만들어지면서 물속에 잠겨 버린 것도 많지만 높은 산들은 주변만 물에 잠겨서 섬이 되기도 했어요.

의암호 가운데 나룻배처럼 떠 있는 중도에는 오토캠핑장이 있어서 차를 배에 싣고 섬으로 들어가는 야영객이 많습니다. 중도에는 청동기시대의 지석묘, 철기시대의 주거지, 삼국시대 초기의 적석총 등의 매장문화재가 발굴 조사되고 있어요. 선사유적지 근처에는 대규모 관광레저단지 건설이 예정되어 있는데, 개발로 인해서 문화재가 훼손되지 않았으면 좋겠습니다.

청평댐이 만들어지면서 생겨난 남이섬은 조선 세조 때 병조판서를 지낸 남이장군의 묘가 있어서 남이섬이라고 불리게 되었어요. 그런데 사실 남이섬에 있는 남이장군 묘는 가묘이고, 실제 남이장군의 묘는 경기도 화성에 있어요. 이곳은 TV드라마 '겨울연가'의 촬영지로도 유

남이장군 가묘
1965년에 섬을 매입한 민병도 선생이 장군의 넋을 기리기 위해 봉분을 만들고 추모비를 세웠다.

명해졌습니다. 이 드라마는 한류 열풍을 타고 일본, 중국, 동남아시아 등지로 수출되었어요. 그래서 우리나라 사람들뿐만 아니라 외국인들도 드라마 속 장면들을 떠올리며 주인공들이 걸었던 메타세콰이어 길을 따라 걷기 위해 이곳을 방문하고 있어요.

남이섬에서 800m 정도 떨어진 거리에는 자라섬이 있어요. '자라처럼 생긴 언덕'이 바라보고 있는 섬이라 하여 '자라섬'이라는 이름이 붙었습니다. 자라섬은 1940년대 중국 사람들이 농사를 짓고 살아서 '중국섬'이라고도 했다고 해요. 자라섬은 캠핑과 관련된 굵직굵직한 국제 대회를 치러내면서 캠핑으로 유명해졌어요. 또 2004년부터 매년 가을에 열리는 '자라섬 국제재즈페스티벌'은 십만 명이 넘는 사람들을 불러 모으는 자라섬의 대표적인 문화행사입니다.

메타세콰이어 길
남이섬의 메타쉐콰이어 길은 드라마 겨울연가 촬영지로 유명해져 많은 관광객들이 찾고 있다.

춘천 하면 으레 생각나는 닭갈비와 막국수는 춘천을 대표하는 먹거리입니다. 닭갈비는 원래 돼지고기 요리에서 나왔다고 해요. 1960년대 돼지고기로 음식을 만들어 팔던 부부가 있었대요. 하루는 돼지고기를 도저히 구할 수 없어서 아쉬운 대로 닭고기를 돼지고기처럼 매콤한 양념에 재워 놓았다가 숯불에 구워 팔았더니 술안주로 큰 인기를 얻었다고 합니다. 여기서 시작된 춘천 닭갈비는 춘천의 명물이 되었어요. 춘천의 명동에는 닭갈비를 파는 음식점들이 모여 있는 '춘천 닭갈비 골목'이 형성되어 있어요.

춘천이 막국수의 본고장이 된 것은 영서지방에서 생산되는 메밀을 제분하던 곳이었기 때문이에요. 메밀은 원래 추운 지방에서 잘 자라는 식물이어서 북쪽지방 사람들이 애용하는 음식 재료이지요. 6·25

자라섬 국제재즈페스티벌
경기도 가평군 자라섬에서 해마다 열리는 재즈 음악축제이다.

춘천 숯불 닭갈비와 막국수
춘천의 대표적인 음식인 닭갈비는 양념 고추장에 재운 닭고기를 양배추, 고구마 등과 함께 볶아 먹기도 하고 숯불에 구워 먹기도 한다. 막국수는 메밀가루를 반죽하여 국수를 만들어 시원한 육수에 말아 먹는다.

전쟁 이후 북녘에서 내려온 실향민들이 춘천에 정착하게 되었는데, 그때부터 메밀로 만든 막국수가 유명하게 되었답니다.

춘천의 대표음식인 닭갈비와 막국수가 입소문을 타기 시작하면서 해마다 9월이면 '춘천 닭갈비·막국수축제'가 열리고 있어요. 막국수, 닭갈비 같은 맛있는 먹거리가 많은 것은 물론이고, 춘천향토음식전국요리대회도 개최되기 때문에 볼거리도 풍성한 축제랍니다.

이제 춘천도 서울에서 지하철로 갈 수 있게 되었어요. 2010년 12월에 기존의 경춘선 철로를 고쳐서 다시 만들거나 낡은 것을 손보아 고치는 작업을 하고 양방향으로 열차가 동시에 지나다닐 수 있도록 복선화하여 새롭게 개통했어요. 서울과 춘천간 이동 시간이 줄어든 것이 무엇보다도 가장 큰 변화입니다. 서울에서 전철을 타고 춘천에 가서 닭갈비와 막국수를 먹고 수상 스포츠와 마임축제, 세계인형극제와 같은 국제적 축제를 즐기고 돌아오는 여행 계획을 세워 보는 건 어떨까요?

은혜 갚은 꿩의 전설, 원주 치악산

부처의 가르침을 공부하기 위해 길을 떠난 한 스님이 있었어요. 하루
는 깊은 산길을 가는데 커다란 구렁이 한 마리가 새끼 꿩이 가득 들어
있는 둥지를 노리고 나무를 타고 올라가는 것을 봤어요. 스님은 얼른
가지고 있던 화살로 구렁이를 쏘아 죽이고 꿩들을 구해 주었습니다.
다시 길을 떠난 스님은 밤에 길을 잃고 산속을 헤매게 되었어요. 깜깜
한 산속을 이리저리 헤매다가 저 멀리 반짝이는 불빛을 발견했어요.
죽을힘을 다해 불빛을 따라 가보니 여인 혼자 머물고 있는 집이었어
요. 하룻밤 묵어가기를 청했더니 여인은 기꺼이 허락해 주었어요. 너
무 피곤했던 스님은 바로 잠이 들었어요. 잠결에 답답한 기운이 느껴

치악산
강원도 원주와 영월에 걸쳐 있는
산으로 차령산맥의 줄기로 영서지
방의 명산이다.

● 상원사 동종
상원사에 있는 통일 신라 시대의 동종
으로 국보 제36호로 지정되어 있다.

● 상원사
오대산에 있는 사찰로 신라 성덕왕
4년(705)에 보천과 효명 두 왕자에
의해 창건되었다. 깊은 산사의 숙연
한 분위기가 뛰어나 수행자들의 발
길이 끊이지 않고 있다.

진 스님은 눈을 떴어요. 그런데 커다란 구렁이가 자신의 온몸을 칭칭 감고 있는 게 아니겠어요? 그 구렁이는 여인이 변한 거였어요. 구렁이는 자기가 아까 낮에 스님이 죽였던 구렁이의 아내라고 말했어요. 자정이 되기 전까지 상원사의 종을 세 번 울리면 죽은 남편 구렁이가 용이 되어 하늘로 올라 갈 수 있으니 살려 주겠다고 했어요. 그러나 구렁이에게 몸이 칭칭 감겨 있는 스님이 무슨 수로 종을 울릴 수 있었겠어요? 스님은 종을 울리는 것이 도저히 불가능하다고 생각하면서 죽음을 기다렸어요.

그때 기적처럼 멀리서 종소리가 '땡 땡 땡' 세 번 울렸어요. 종소리를 들은 구렁이는 부처님의 뜻이라 생각하고 더는 원한을 품지 않겠다는 말을 남기고 사라졌어요. 스님이 정신을 차리고 보니 그곳은 아주 깊은 숲 속이었어요. 동이 트자마자 스님은 상원사로 달려갔어요. 거기엔 낮에 구해 주었던 꿩의 어미와 새끼들이 종을 울리기 위해 머리를

받아 피를 흘린 채 죽어 있었어요. 스님은 크게 탄식하면서 죽은 꿩들을 산에 잘 묻어 주었다고 합니다.

치악산은 원래 가을 단풍이 무척 곱고 아름다워 붉을 적(赤) 자를 써서 적악산(赤岳山)으로 불렸어요. 그러나 은혜 갚은 꿩의 설화가 유명해지면서 꿩 치(雉) 자의 치악산(雉岳山)이라 바꿔 부르게 되었어요. 설화에 등장하는 상원사의 은혜 갚은 꿩의 이야기는 치악산에 있는 상원사에 벽화로도 전해지고 있습니다. 치악산(1,288m)은 강원도 원주의 진산이지만, 그 품이 횡성과 영월까지 걸쳐 있어 영서지방을 대표하는 큰 산이 되었습니다.

강원도라는 명칭이 강릉과 원주의 첫 글자를 따서 만들어졌다는 것이 말해 주듯 원주는 조선 초기부터 강원도 내에서 큰 도시에 속했어요. 지금도 강원도에서 인구가 가장 많은 도시이며, 계속 인구가 증가하는 추세여서 발전이 기대되는 도시입니다.

원주는 6·25전쟁 이후 군사도시로 알려져 있었어요. 육군의 1군사령부와 주한미군부대, 공군 비행단 등이 원주에 위치하고 있습니다. 이것은 원주의 교통과 지리적 여건이 군사 작전 상 매우 유리하기 때문입니다. 오랫동안 군사도시로서의 명성을 이어오던 원주시는 최근 '건강도시'라는 새로운 도시 이미지를 만들어 내고 있어요.

원주는 수도권, 충청권, 경북 내륙으로 이어지는 교통이 매우 편리하기 때문에 물류가 편리하고 기업을 유치하기에 매우 유리합니다. 자동차부품 및 의료정밀기기 업체들이 잇따라 원주에 둥지를 튼 것이 원주 지역의 경제가 활성화되는 데 큰 몫을 했어요. 그래서 원주시는 최근 '첨단의료 건강도시'를 선언하고 건강 관련 국제 대회 등을 유치하고 있어요. 또 원주혁신도시에는 13개의 공공기관이 이전할 예정인데, 이들 공공기관의 이전이 완료되면 2020~2030년에는 인구 50만 돌파도 가능할 것이란 예측도 나오고 있어요.

원주시에는 '박경리문학공원'이 자리 잡고 있어요. 원주는 대하소설 '토지(土地)'를 집필한 고 박경리 선생이 1980년 서울을 떠나 28년 동안 거주한 곳이에요. 선생의 고향은 아니지만 2008년 돌아가실 때까지 고향처럼 사셨던 곳입니다. 박경리문학공원에는 선생의 옛집, 정원, 손수 가꾸던 텃밭, 집필실 등이 원형 그대로 잘 보존되어 있을 뿐만 아니라, 대하소설 토지의 작품 속에 등장하는 평사리 마당, 용두레벌, 홍이 동산이 3개의 테마공원으로 꾸며져 있어요.

원주시는 한지로도 유명해요. 한지 하면 흔히 전주를 떠올리지만 최근엔 프랑스, 이탈리아, 독일 등지에서는 원주의 한지가 명품으로 주목받고 있다고 합니다. 세종실록지리에 원주가 한지의 원료가 되는 닥나무의 주산지라고 기록되어 있고, 원주시 호저면은 좋을 호, 닥종이 저라는 뜻의 한지와 관련된 지명을 사용하는 유일한 곳이라는 점을 들어 원주시에서는 해마다 원주한지문화제를 열고 있어요.

◑ 원주한지문화제
매년 9월 한지를 알리기 위해 개최하는 축제로 한지패션쇼, 한지역사 전시, 대한민국한지 대전 수상작 전시, 오색한지뜨기 체험, 한지전통공예 체험 등 다양한 프로그램이 진행된다.

◑ 박경리문학공원
우리 문학사에 큰 획을 그은 소설가 박경리 선생과 대하소설 '토지'를 기념하기 위해 만든 공원으로 강원도 원주시 단구동에 있다.

이효석의 고장 평창, 2018 동계올림픽이 개최되다

우리는 이미 평창이 'HAPPY 700'의 도시라는 것을 알고 있습니다. 이 평창이 「메밀꽃 필 무렵」으로 유명한 소설가 이효석이 탄생한 고장입니다. 평창군의 봉평면에 가면 효석문화마을이 있어요. 이효석의 생가와 소설 '메밀꽃 필 무렵'에 나오는 메밀밭이며, 성 씨 처녀와 인연을 맺었던 물레방앗간, 소설 속의 주막이었던 충주집 등이 그대로 재연되어 있어요.

소설 「메밀꽃 필 무렵」에서 장돌뱅이 허생원이 찾았던 그 봉평장은 달력에서 끝 숫자가 2, 7로 끝나는 날에 열려요. 무려 400년의 역사를 자랑하지요. 봉평장에 가면 그야말로 없는 게 없어요. 그렇지만 무엇보다도 봉평장의 주인은 메밀로 만든 요리입니다. 메밀전, 메밀전병, 메밀국수는 물론이고, 어린이들의 입맛에 맞추어 메밀로 만든 피자,

메밀꽃밭과 원두막
강원도 봉평에 메밀꽃이 흐드러지게 피어 있다.

◐ 메밀꽃 필 무렵
이효석의 단편소설로, 소설이지만 자연과 어우러지는 인간의 이야기를 한편의 시처럼 표현하였다.

◐ 평창 효석문화제
소설가 이효석 선생의 문학정신을 기리는 문화 예술 축제로 매년 9월에 열린다. 백일장을 비롯해 시화전, 문학의 밤, 메밀 음식 만들기, 이효석 생가, 문학전시관 관람 등의 프로그램이 진행된다.

호떡도 아주 맛있어요.

평창군에서는 새하얀 메밀꽃이 마치 소금을 뿌려 놓은 것처럼 활짝 피는 9월이면 '평창 효석문화제'를 열어요.

평창군에는 금강산, 지리산, 한라산과 더불어 우리나라에서 가장 신령

스러운 산이라는 오대산이 있어요. 오대산의 다섯 봉우리마다 경치 좋은 곳에 암자가 있는데, 동대의 관음암, 서대의 수정암, 남대의 지장암, 북대의 미륵암, 중대의 사자암이 그것입니다. 예로부터 오대산은 어떠한 재앙이 닥쳐도 안전한 땅이라고 믿었던 곳이에요. 그래서 조선에서는 오대산 아래 월정사 옆에 조선의 역사를 기록한 조선왕조실록을 보관하는 창고를 지어 관리에게 지키도록 했어요.

오대산의 월정사는 절로 향하는 길에 늘어선 전나무숲길의 아름다움을 빼놓을 수 없지요. 또 이곳의 팔각구층석탑도 유명합니다. 월정

사는 6·25전쟁으로 완전히 불타 버리고 현재 건물은 새로 지은 것입니다.

월정사에서 비로봉 방향으로 약 10km를 올라가면 우리나라에서 가장 오래된 동종이 있는 상원사가 있어요. 상원사 동종은 경주박물관에 있는 성덕대왕신종보다 45년이나 앞선 725년에 만들어졌다고 해요. 상원사는 6·25전쟁에서 불태워질 위기에 처해 있는 상원사를 지켜낸 방한암 스님의 이야기로 유명합니다. 방한암 스님은 30년이 넘도록 상원사 밖으로 한 발짝도 나가지 않고 참선에 힘썼다고 해요.

6·25전쟁이 났을 때 군사작전 상 오대산의 모든 절을 불태워야 했는
데 방한암 스님이 상원사와 운명을 같이 하려는 각오로 버텼기 때문
에 어쩔 수 없이 문짝만 불태우는 데 그쳤답니다.

평창은 2018년 동계올림픽 개최예정지로 세계에 이름을 알렸습니
다. 10년간 두 번의 유치 실패의 경험을 딛고 이루어 낸 성과여서 더
의미가 큽니다. 평창은 세계 겨울 스포츠인들의 축제인 동계올림픽을
훌륭하게 치러 내기 위해 철저히 준비하고 있습니다.

수도권과 춘천을 연결하는 교통로가 확대되면서 춘천은 어떤 점이 달라졌을까요?

2009년에는 서울춘천간고속도로가 개통되고, 2010년에는 서울춘천간 복선전철이 개통되었고, 2012년에는 최대 시속이 180km인 준고속열차인 'ITX청춘'이 개통되었어요. 서울 및 경기도와 춘천을 연결하는 교통로가 생기면서 서울을 비롯한 수도권과 춘천의 거리가 매우 가까워졌습니다. 춘천시에 따르면 새로운 교통로가 확충된 이후 춘천을 찾는 국내외 방문객이 50%이상 증가했다고 해요. 관광객이 늘면서 춘천의 대표 먹거리인 닭갈비와 막국수가 전국적인 유명세를 타게 되었습니다. 수도권과의 접근성이 좋아지면서 수도권에 위치한 기업 중 춘천으로 이전을 희망하는 경우가 많아지고, 실제로 이전하는 기업들도 늘고 있습니다.

그러나 수도권에서 춘천으로 통근 및 통학이 가능해져 춘천지역에서 자취나 하숙을 하는 학생과 직장인이 줄어들고 있어요. 또 춘천 시민들이 수도권 지역의 학원을 이용하거나, 수도권에서 쇼핑과 여가를 즐기는 등 수도권으로의 쏠림 현상도 나타나고 있어 문제가 되고 있습니다.

ITX 청춘열차

4 양반 고을 충청도

함께 가 볼까요

충청도라는 이름이 처음 등장한 것은 고려시대입니다. 그 당시에 충청도에서 가장 번성했던 도시가 충주와 청주였는데, 첫 글자를 하나씩 따서 충청도라는 이름이 탄생했어요. 또 충청도를 '호서지방'이라고 부르기도 합니다. 충청북도 제천에 삼국시대에 만든 저수지인 의림지가 있는데, 이 호수의 서쪽이라 하여 호서(湖西)라고 합니다.

조선을 건국한 이성계가 신하였던 정도전에게 조선 팔도 사람을 평가해 보라고 했어요. 그 때 정도전이 충청도 사람에 대해 평하기를 '맑은 바람 속에 밝은 달', 즉 '청풍명월(淸風明月)'이라고 했습니다. 그래서 청풍명월은 지금까지도 충청도의 앞머리를 장식하는 말로 따라 다니고 있습니다.

또 '충청도 양반'이라는 말도 있어요. 충청도에 양반이 많이 살았기 때문이기도 하지만 느릿느릿하면서 말꼬리가 긴 충청도 사투리가 듣는 사람에게 편안함과 좋은 인상을 주기 때문일 것입니다. 또 어느 한쪽에 치우침이 없이 올바른 도리를 지키고, 나라가 어려울 때에는 정의롭게 목숨을 바칠 준비가 되어 있는 '선비 정신'이 있는 곳이기도 합니다.

요즘 충청도는 비대해진 수도권의 인구와 산업을 분산시키기에 적절한 장소로 각광받고 있어요. 그것은 수도권과의 거리가 가까울 뿐만 아니라 호남과 영남 지방으로의 이동도 매우 쉬운 교통의 요지이기 때문이지요. 이를 발판으로 충청도는 각종 공업이 발달하여 인구가 크게 증가하고 있어요. 또 세종특별자치시가 만들어지면서 중앙 정부의 행정기관들이 이전하여 새로운 행정중심지로서도 발전하고 있습니다.

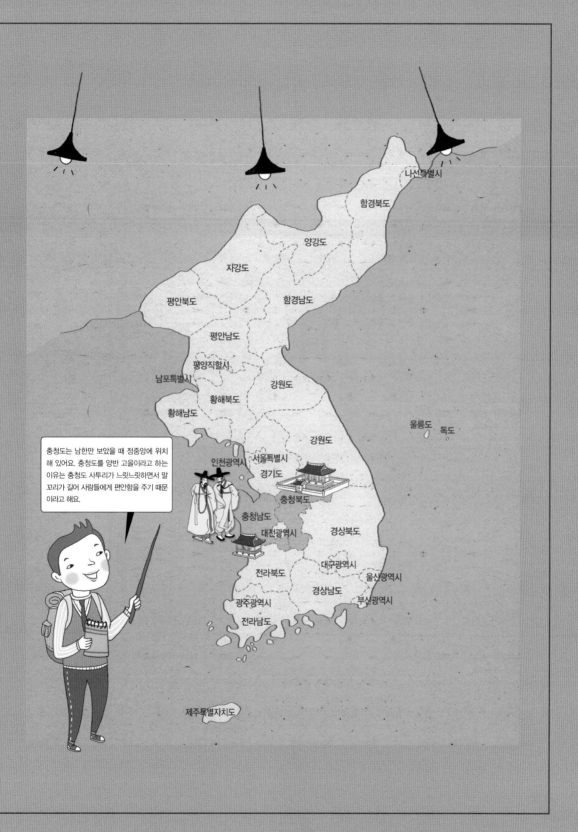

충청도는 남한만 보았을 때 정중앙에 위치해 있어요. 충청도를 양반 고을이라고 하는 이유는 충청도 사투리가 느릿느릿하면서 말꼬리가 길어 사람들에게 편안함을 주기 때문이라고 해요.

나선특별시
함경북도
양강도
자강도
함경남도
평안북도
평안남도
평양직할시
남포특별시
강원도
황해북도
황해남도
강원도
울릉도   독도
인천광역시   서울특별시
경기도
충청북도
충청남도   대전광역시
경상북도
전라북도   대구광역시
울산광역시
경상남도
광주광역시   부산광역시
전라남도

제주특별자치도

1 빠르게 성장하는 충청도

清風明月

흔히들 충청도는 느리다고 합니다. 아마도 느긋하고 여유 있으면서도 구수한 충청도 사투리 때문일 거예요. 그렇지만 충청도 사투리는 그 속에 많은 뜻을 함축하고 있어요. 비록 느리지만 그 어떤 지역의 말보다 효율적이랍니다. 느릿느릿한 말과는 달리 요즘 충청도는 무섭게 성장하고 있어요. 수도권과 연결되는 고속도로와 철도, 지하철이 속속 건설되고 있고, 수도권에서 이전해 온 공장들로 이루어진 각종 산업단지들도 크게 늘고 있어요. 특히 해안지역은 중국과의 거리가 가까워 더욱 빠른 성장이 기대되는 곳입니다.

- 충청도는 수도권과의 거리가 가깝고 호남과 영남 지방으로의 이동도 쉬운 교통의 요지에 위치하고 있기 때문에 비대해진 수도권의 인구와 산업을 분산시키기에 적절한 장소로 각광받고 있다.
- 세종특별자치시가 만들어지면서 중앙 정부의 행정기관들이 이전하여 새로운 행정중심지로서도 발전하고 있다.
- 충청도는 위로는 경기도, 아래로는 전라북도와 맞닿아 있으며, 서쪽에는 조차가 큰 서해를 끼고 있고, 동으로는 백두대간을 경계로 경상도와 경계를 이루고 있다. 전체적으로 동쪽은 산지가 많고 서쪽은 평야가 펼쳐진 지형으로 이루어져 있다.

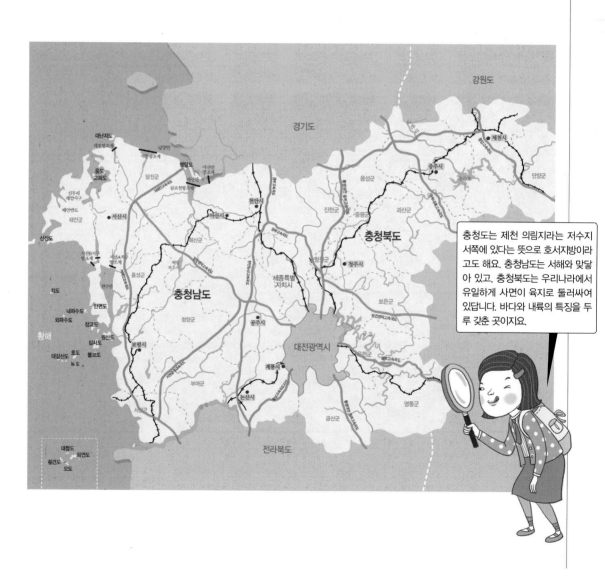

충청도는 제천 의림지라는 저수지 서쪽에 있다는 뜻으로 호서지방이라고도 해요. 충청남도는 서해와 맞닿아 있고, 충청북도는 우리나라에서 유일하게 사면이 육지로 둘러싸여 있답니다. 바다와 내륙의 특징을 두루 갖춘 곳이지요.

남한의 중간지대

충청도는 위로는 경기도, 아래로는 전라북도와 맞닿아 있어요. 서쪽에는 조차가 큰 서해바다를 끼고 있고, 동으로는 백두대간을 경계로 경상도와 경계를 이루고 있어요. 전체적으로 동쪽은 산지가 많고 서쪽은 평야가 펼쳐진 지형입니다. 금강과 삽교천을 중심으로 하는 충청남도는 삼국시대 백제의 중심지였고, 우리나라에서 유일하게 내륙에 위치해 있습니다. 또 충청북도는 남한강 상류에 위치하여 백제, 고구려, 신라가 서로 차지하기 위해 전투를 벌였던 곳이기도 합니다. 차령산맥을 경계로 충청 북부는 기호지방과 가깝고, 충청 남부는 호남지방과 가까워요. 그러다 보니 자연스럽게 기호지방 문화와 호남지방 문화의 중간적인 성격의 문화 특성을 가지고 있어요. 특히 충청남도는 영남지방과 호남지방을 잇는 삼남의 관문으로 오랫동안 교통의 요지로서 큰 역할을 해 왔습니다.

전라북도 장수군에서 발원해서 흐르는 금강의 하류에는 구룡평야, 논산평야와 같은 큰 평야가 있고, 가야산에서 발원하여 아산만으로 흘러드는 삽교천의 하류에도 예당평야가 있어요. 큰 평야들은 벼농사의 중심지를 이루어 쌀 생산량이 많습니다.

충청남도 서해안은 조차가 매우 크고 해안선이 복잡한 리아스식 해안을 이루고 있어요. 그런데 오래 전부터 간척사업이 진행되어 해안선이 과거보다 단순해졌습니다. 아산만 방조제, 대호 방조제, 삽교 방조제, 서산 A, B지구 방조제 등과 같은 제방을 쌓고 그 안쪽을 간척했어요. 간척한 땅에는 공업단지를 조성하기도 하고, 벼농사를 짓기도 하고, 소를 사육하는 축산업을 하기도 합니다.

충청도
전라도와 경기도 사이에 있고, 동쪽은 경상도와 맞닿아 있다. 충청남도와 충청북도를 포함하며 흔히 '호서지방'이라 부른다. 충청도라는 이름은 충주와 청주의 앞 글자를 따온 것이다.

기호지방
서울, 인천, 경기도, 대전, 충청도를 포괄하는 지역이다.

우리나라 최고의 명당이 있는 곳

청풍명월의 고장 충청도에는 풍수가 좋기로 소문난 지역이 있어요. 그중 하나가 신도안(新都案) 지역입니다. 신도안은 한양이 수도로 정해지기 이전에 수도로 결정된 곳이에요. 1392년 조선을 건국한 이후에 태조 이성계는 개성이 수도로서의 운이 다했다고 생각해 새로운 수도를 물색했어요. 그러던 중 계룡산 밑에 있는 지역이 형태와 지세가 매우 뛰어나다는 소리를 듣게 되었습니다. 태조는 이곳에 와서 그 지리 형세를 살핀 뒤 새로운 도읍지, 즉 신도를 건설할 것을 명령했어요. 1393년 계룡산 신도안에 새로운 도읍을 만들기 위해 백성들을 동원해서 목재와 석재를 운반하여 공사를 진행했습니다. 그러나 풍수지리설에 따른 결점이 많다는 논란이 일게 되었고, 결국 공사를 중단하

아산만 방조제
충청남도 아산과 경기도 평택 사이에 있는 방조제이다. 길이 2,564m, 저수량 225만 톤에 이른다. 교통 도로로 이용되며 관광지로도 각광받고 있다. 방조제가 건설된 후 아산호가 생겨 홍수 피해를 줄이고 농업용수 및 공업용수로 이용한다.

고 말았어요. 지금도 그때 다듬어 놓은 암석이 94개나 남아 있어요. 또 그 일대에는 '동문거리', '서문거리' 등과 같은 지명도 남아 있습니다.

현재 신도안 지역에는 계룡시가 자리 잡고 있어요. 계룡시는 우리나라에서 시(市)로는 가장 인구가 적은 초미니 도시예요. 군사 전략상 안정성을 유지하고 국토를 균형 있게 발전시키려는 계획을 가지고 만들어졌습니다. 육군본부, 해군본부, 공군본부를 모두 통합하는 기지인 계룡대를 중심으로 군인 가족들을 위한 주거 시설, 학교 · 병원 · 백화점 · 할인점 등 각종 복지시설과 편의시설을 갖추고 있어요.

풍수가 좋기로 소문난 또 하나의 지역은 흥선대원군의 아버지였던

남연군의 묘
충청남도 예산군 덕산면에 있는 흥선대원군의 아버지 남연군의 묘다. 대원군이 쇄국정책을 더욱 강화하는 계기가 된 오페르트 도굴사건이 일어나기도 했다.

남연군의 묘지가 있는 예산군이에요. 묘의 뒤편에는 가야산의 능선들이 둘러싸고 있고, 묘 앞으로는 시원스럽게 덕산이 펼쳐져 있어서, 풍수지리에 대해 아무것도 모르는 사람이 보아도 '아, 이런 게 명당이구나.'라고 느낄 수 있지요. 원래 이곳은 인근 가야산 일대에서 가장 큰 절인 가야사가 있던 자리였어요. 흥선대원군은 그 자리가 '2대에 걸쳐 왕위에 오를 수 있는 곳'이라 여겼어요. 그래서 경기도 연천에 있던 자신의 아버지 묘를 이곳으로 옮겼어요. 99개의 암자를 가지고 있을 정도로 큰 절이었던 가야사를 불사르고 그 자리를 차지한 거예요. 그런데 1868년 독일 상인이자 학자인 오페르트가 이 묘를 도굴하려다 실패한 사건이 일어났어요. 이 사건을 계기로 흥선대원군은 외국과의 통상과 교역을 하지 않는 쇄국정책을 더욱 강화하게 되었답니다.

계룡시
충청남도 남동부에 있는 도시로 2003년 논산시에서 분리되었다. 육군·해군·공군 3군 본부가 이곳의 계룡대로 이전하면서 도시 기반시설을 구축하여 신도시로 발전하였다.

구수한 충청도 사투리의 비밀

어떤 남자가 충청도에 볼 일이 있어서 차를 몰고 가게 되었어요. 그런데 앞에 가는 차가 너무 너무 천천히가는 거예요. 약속한 시간은 다 되어 가고, 앞질러 가기도 힘든 상황이었어요. 한참을 발을 동동 구르다 드디어 앞지를 기회가 왔어요. 추월하면서 창문을 내리고 앞 차 운전자에게 한마디 했습니다.

"그렇게 천천히 가시면 어떡해요?"

그러자 앞 차의 운전자는 이렇게 말합니다.

"그렇게 급하면 어제 오지 그랬슈."

충청도의 인구는 전국 대비 약 7% 정도밖에는 안 되지만 이름난 개그맨, 개그우먼들이 많습니다. 충청도 사람들은 대체로 조용조용하고 여유롭고 낙천적이지만, 가끔 한마디씩 던지는 말이 주변에 큰 웃음보따리를 선사합니다. 충청도 사람들이 유독 웃기는 재주가 많은 걸까요? 전문가들은 충청도의 역사적·지리적 특성에서 그 이유를 찾았습니다.

충청도는 제주도를 제외하고 우리나라 전 지역과 맞닿아 있어요. 여러 지역과 맞닿아 있다는 것은 교류의 통로가 될 수 있기도 하지만 경쟁 속에 내몰려 있다는 뜻도 됩니다. 그렇기 때문에 자신의 뜻을 직접 드러내며 '좋다', '나쁘다'를 분명하게 말하기보다는 빙 돌려서 말하는 것이 생존을 위해 더 필요했던 것입니다. 빙 돌려 하는 말은 상대방이 전혀 예상하지 못한 대답이었기 때문에 재미가 있는 것이지요. 몇 가지 예를 들어 볼까요?

한여름에 서울 사람이 충청도의 시골길을 가고 있었습니다. 더위에 지쳐서 수박을 사 먹고 싶었습니다. 수박을 사려고 "이거 얼마예요?"라고 물었어요. 충청도 사람은 직접적으로 말을 하지 않고 이렇게 말하지요. "얼마면 살라고 그러는디유?" 서울 사람이 터무니없이 낮은 가격을 부릅니다. 그러면 충청도 사람은 '안 팔아요.'란 이야기를 하지 않습니다. 대신 이렇게 말합니다. "냅둬유. 소나 주게유."

그릇이 쨍그랑 하고 깨지면 모두들 '엄마야!' 하며 화들짝 놀라는 것이 당연하지요.. 그런데 충청도 사람들은 "냅둬유. 깨지니 그릇이지 튀어 오르면 그게 공이지 그릇이유?"라고 말합니다.

전문가들은 충청도의 자연환경이 충청도 사람들이 긍정적인 생각을 하는 데 도움을 주었다고도 합니다. 충청도는 예로부터 큰 홍수가 나거나 큰 가뭄이 들어도 그럭저럭 농사가 되어 먹고살 만했습니다. 그렇기 때문에 사람들의 마음에 긍정적인 정서가 깔리게 되었어요. 그리고 양반 가문도 많았어요. 여유와 낙관적인 마음이 몸에 밴 사람이 많은 것이지요.

그러나 충청도 사람들이 마냥 여유 있고 낙천적이기만 하다고 생각하면 오해입니다. 김좌진 장군, 윤봉길 의사, 한용운 시인, 유관순 열사 등이 다 충청도의 인물입니다. 은근하면서도 기개가 있는 한국인의 바로 그 모습입니다.

농산물과 해산물이 지천

충청도는 산과 바다, 평야가 잘 어우러진 자연환경을 가지고 있어서 이를 이용한 특산물이 가득합니다. 충청남도는 평야가 넓다고 소문난 전라남북도보다도 쌀 생산량이 많아요. 당연히 우리나라에서 쌀 생산량이 가장 많은 곳입니다. 논산은 전국 최대의 딸기 생산지이고, 충청남도 금산은 우리나라에서 생산되는 인삼의 70~80%가 거래되는 인삼 유통의 중심지입니다. 해안 가까이 있으면서도 황토로 이루어진 서산과 태안에서는 전국 생강의 약 40%를 생산하고 있어요. 전국 휴게소의 먹거리를 평정한 천안의 호두과자는 말할 것도 없지요. 차령산맥 주변에 위치하여 밤나무가 자라는 데 기후와 토양이 적합해서 당도가 높고 고소한 밤이 생산되는 공주시 정안면은 공주를 밤으로 유명하게 만들었습니다. 충청북도 괴산과 음성은 토양에 모래 성분이

논산 딸기
비옥한 토지, 맑은 물, 풍부한 일조량 등 딸기 재배에 좋은 조건을 가지고 있는 논산은 전국 최대의 딸기 주산지다. 매년 4월에 딸기를 소재로 하여 논산 딸기축제가 열린다.

○ 충남 태안에서 수확한 생강
해양성 기후와 황토로 인해 태안
과 서산 지역의 생강은 알이 굵고
육질이 단단하며 맛과 향이 뛰어
나다.

○ 금산 인삼축제
금산은 전국 최대 규모의 인삼 집산지
다. 인삼을 소재로 한 다양한 행사가
열리는 인삼축제에는 인삼시장이 열
려 많은 관광객을 모은다.

생강 수확
태안과 서산 일대의 토양은 황토로 되어 있어 품질 좋은 생강을 재배할 수 있다.

많고 낮과 밤의 일교차가 크게 나는 산간지역이어서 고추의 색이 선명하고 산뜻하며 특유의 맛과 향이 있는 고추 산지로 유명해요. 속리산 자락의 충청북도 보은은 해가 비치는 시간이 길고 일교차가 큰 환경 때문에 당도가 높고 과육이 튼실한 대추 생산량이 단연 우리나라 최고입니다.

산과 들에서 나는 특산물뿐만 아니라 바다에서 나는 특산물도 많아요. 충청남도 서해안은 조차가 크고 해안선이 복잡해서 갯벌이 잘 발달되어 있어요. 갯벌에서는 굴, 바지락, 주꾸미, 새우 등의 싱싱한 해산물을 채취할 수 있습니다. 충청남도 태안군은 연중 해산물이 풍부하게 나는데, 그중에서도 꽃게를 으뜸으로 꼽습니다. 안흥항이 집산지인 꽃게들은 육질이 단단하고 담백한 맛이 그만이지요. 바다의 우유라고 불릴 정도로 영양이 가득한 굴은 경상남도 통영이 유명합니다. 통영은 양식으로 기르는 굴이 많이 나는 곳이고, 자연산 굴은 충청남도에서 제일 많이 생산된다고 해요. 서천은 주꾸미로 유명하고 홍성의 남당항은 대하로 유명하답니다.

충남 태안 게장
담백하고 살이 단단한 태안 꽃게
는 게장을 만들기에 적합하다.

충남 태안 꽃게시장
서산과 태안 지역은 꽃게의 주산
지로 시장에서 싱싱한 꽃게가 거
래된다.

강경 젓갈 시장이 유명한 이유는?

전라북도 장수군에서 발원하여 400여 km를 흐르는 금강은 충청도의 젖줄 역할을 합니다. 금강은 과거 백제 문화의 중심지를 이루었으며, 현재도 충청도 지역의 생활중심지입니다. 충청도에서 금강을 빼놓으면 할 말이 없어질 정도이지요.

금강은 원래 '호강(湖江)'으로 불렸어요. 강의 하구가 호수처럼 넓고 잔잔했기 때문에 붙여진 이름입니다. 금강의 하구가 넓고 깊은 것은 하천으로 배가 다닐 수 있는 좋은 조건이에요. 특히 하구 주변에는 조차가 6m 이상 크게 나타납니다. 밀물일 때 바닷물이 금강으로 밀고 올라오는 거리가 하구에서 약 60km까지였다고 해요. 이때를 이용해

금강(청벽대교)
청벽대교는 충청남도 공주시 반포면과 세종특별자치시 장군면 사이 금강에 건설한 다리로 국도 32호선이 지난다.

서 큰 배들은 강경과 부여까지, 작은 배들은 충청남도 연기까지 운항할 수 있었습니다. 금강의 수운을 이용하여 논산평야에서 나는 쌀과 전라도의 호남평야에서 나는 쌀을 다른 지방으로 운송할 수 있었지요. 그러나 호남선 철도가 개통되고 도로 교통이 발달하면서 금강의 교통 기능은 급속하게 쇠퇴되었어요.

금강의 수운 기능이 완전히 사라진 것은 1990년에 건설된 하구둑 때문입니다. 금강 하구 일대는 조차가 매우 커서 밀물 때마다 바닷물이 강을 타고 역류했어요. 이때 주변의 평야 지역에는 소금물이 흘러드는 바람에 농작물이 피해를 입곤 했습니다. 이를 방지하기 위해 건설한 것이 금강하구둑이에요. 금강 하구둑이 건설된 이후에는 충청남

금강 하구둑, 금강 철새 조망대
백제의 관문이었던 금강하구에 1990년에 하구둑이 완성됐다. 주변의 갈대숲을 찾아 날아가는 겨울철새의 모습은 장관을 이룬다.

강경 젓갈백반
강경의 젓갈은 신안의 천일염을 사용하는데 다른 지역에 비해 소금이 적게 들어가 짜지 않은 것이 특징이며, 200년 전통의 토굴 염장방법을 사용해 감칠맛이 난다.

도 일대는 물론이고 전라북도 일부 지역에도 안전하게 농업용수와 공업용수를 공급할 수 있게 되었어요. 또 충청남도 장항과 전라북도 군산을 잇는 교통로로 이용되어 두 지역 간의 교류를 촉진시켰지요. 또 하구둑 주변 지역에 공원을 조성하여 관광지로도 큰 몫을 하고 있습니다.

강경의 젓갈 시장 이야기는 금강의 수운 기능이 활발하던 때로 돌아가야 합니다. 지도에서 강경을 보면 해안에서 한참 내륙으로 들어와 있어요. 이곳에 바다에서 나는 해산물로 만드는 젓갈 시장이 형성된 이유는 금강의 수운 때문입니다.

강경은 조선시대에 평양, 대구와 함께 조선 3대 시장으로 불릴 만큼 큰 장이 서는 곳이었어요. 강경이 이런 명성을 얻는 데에는 금강의 수운이 큰 역할을 했습니다. 강경을 휘돌아 흐르는 금강이 황해로 연결되는데다 경기 남부와 충청, 호남지방까지 육상으로 연결되는 좋은 지리적 위치를 가졌기 때문입니다. 강경 포구에는 하루에도 100여 척의 고깃배와 상선이 오갔다고 합니다. 강경에서 가장 높은 옥녀봉에 오르면 용영대(龍影臺)라는 곳이 있어요. 강경을 드나들던 배의 안전 운항과 상업이 크게 번성할 것을 기원하던 곳입니다. 강경시장에는 농산물뿐만 아니라 서해 어장의 수산물도 모두 이곳에 모였고, 천일염을 이용해 절여서 가공하는 중심지로 크게 번성했어요. 1899년 금강 하구의 군산항이 개항되면서 그곳으로 들어온 수입화물의 거의 대부분이 강경시장을 통해 팔려 나갔다고 해요.

그렇게 화려했던 강경이 1905년 경부선 철도의 개통을 시작으로 1912년 군산선, 1914년 호남선 철도가 차례로 개통되면서 상권이 기울기 시작했어요. 그나마 일제의 쌀 수탈 정책으로 쌀을 도정하는 공장이 세워지고 일본인들의 거주지가 늘어나면서 다시 활기를 띠는가 싶었지만,광복 이후에 군청이 논산으로 옮겨 가고, 대전과 익산이 점점 성장하면서 강경의 시장 세력이 잦아들기 시작했어요. 거기에다 금강 하구에 토사가 쌓이면서 수심이 얕아져 큰 고깃배나 화물선이 강경까지 올라오기가 점점 어려워졌지요. 결정적으로 1990년 금강

폐어선
금강둔치공원에 수산물을 실었던 폐어선이 전시되어있다.

하구둑의 건설로 강경 포구는 그 기능을 아예 잃어버렸어요.

그러나 강경의 젓갈시장만은 아직도 명맥을 유지하고 있어요. 지금 강경에서는 해마다 김장철이 되면 강경발효젓갈축제가 열린답니다. 김장을 맛있게 담글 때 사용할 젓갈과 천일염을 사기 위해 전국에서 사람들이 찾아옵니다.

최근에는 강경을 근대역사문화유산으로 되살리려는 노력을 하고 있어요. 강경은 그 자체가 근대역사박물관 같은 곳이기 때문입니다. 강경에는 1900년대 초반부터 일본식 주거 건물을 비롯해 관청, 공공 건축물, 금융 및 상업 건축물, 학교 건물 등 많은 건물들이 지어졌고, 그중 상당 부분이 아직까지도 남아 있어요. 이들을 보존하여 관광자원으로 활용한다면 젓갈축제만큼이나 강경에 활기를 불어넣을 수 있을 것 같아요.

강경발효젓갈축제(강경포구 보부상 재현)
강경발효젓갈축제의 문화 행사의 하나로 예전 강경포구에서 젓갈을 거래하던 난전의 보부상을 재현하여 축제의 흥을 돋운다.

❖ 강경젓갈로 만드는 김치 다양한 강경젓갈을 이용하여 관광객들이 직접 김치를 담가보는 체험 행사가 열린다.

❖ 외국인 젓갈김치 담그기 체험 외국인을 대상으로 김치 담그기 체험 행사를 실시하여 김치의 핵심 재료가 젓갈이라는 점을 알린다.

❖ 강경발효젓갈축제 전경 200년 전통의 강경젓갈을 소재로 하여 해마다 가을에 강경포구 일대에서 축제가 열린다.

온천의 고장, 아산과 충주

날씨가 쌀쌀해질수록 뜨끈한 물에 몸을 담그는 목욕이 그리워집니다. 그 물에 약이 되는 성분이 들어 있다면 금상첨화이겠지요. 충청도에는 유서 깊은 온천들이 여러 군데 있습니다.

충청남도 아산은 '대한민국온천대축제'가 열리는 온천도시입니다. 이름난 온천만 세 군데입니다. 조선시대 임금님이 거둥할 때 머무는 별궁인 행궁이 있는 온양온천, 박정희 전 대통령이 즐겨 찾았다는 도고온천, 게르마늄 온천인 아산온천이 유명합니다.

도고면에 있는 도고온천은 신라시대부터 약수로 이름난 곳으로 200여 년 전부터 온천으로 개발된 곳입니다. 유황이 함유되어 있어 신경통, 피부병, 위장병, 관절염, 류머티즘, 부인병, 피부미용에 좋다고 해요.

온양온천은 역사가 1,300년이나 됩니다. 우리나라에서 가장 오래된 온천이지요. 백제 시대에도 온천이 있었기 때문에 고을 이름도 탕정군(湯井郡)이라고 했고, 고려시대부터는 온수군(溫水郡)으로 불렸어요. 고려 태조와 조선의 태조가 모두 이곳에 나들이를 했다는 기록이 있습니다. 1440년(세종 22)에는 세종의 비였던 소헌왕후가 이곳에 1개월간 머물렀고, 그 이듬해에는 세종이 눈병을 고치기 위해 90일간이나 머물렀어요. 1464년 세조 임금이 보은의 속리산을 거쳐서 이곳에 임금이 거처하는 임시 궁전을 짓고 17일 동안 머물렀어요. 그 후에도 현종, 숙종, 영조, 정조가 이곳에 머물면서 이 온천은 왕실의 소유가 되었어요.

온양온천이 널리 알려지게 된 데에는 전설이 있어요. 옛날 온양 땅에 가난한 어머니가 3대 독자 외아들과 함께 살고 있었답니다. 늙은 어머니는 안타깝게도 다리를 절고 있었어요. 어머니는 아들을 장가 보내게 해달라고 매일 기도를 드렸어요. 그러던 어느 날 꿈에 도사님 이 나타났어요.

"자식의 장가보다도 먼저 그대의 다리를 고쳐야 하느니라. 내일 들 판에 나가면 다리를 다친 학 한 마리가 날아올 것이다. 학이 어떻게 하 는지 잘 살펴서 그대로 하도록 하여라."

도사님은 이렇게 말하고는 홀연히 사라졌어요.

꿈이 너무나도 선명해서 어머니는 도사의 말대로 이튿날 들판에 나 갔어요. 곧 다리를 다친 학 한 마리가 날아와 들판의 연못에 내려앉았 어요. 그곳에서 사흘을 머물더니 다시 날아오를 때에는 다리가 멀쩡

수안보온천
우리나라 최초의 자연 온천 으로 충청북도 충주시 수안 보면에 있다.

한 거예요. 어머니가 학이 머물렀던 그곳에 가 보니 뜨거운 물이 솟아 나오고 있었어요. 어머니도 그곳에서 10여 일간 발을 담갔더니 절룩 거리던 다리가 감쪽같이 다 나았대요. 그런 후 도사님의 말대로 3대 독자 외아들도 장가를 가게 되었다고 합니다. 이 소문이 널리 퍼지면서 온양온천이 유명해져서 사람들이 모여들었답니다.

아산온천은 온양온천이나 도고온천보다 훨씬 최근인 1987년에 발견되었어요. 아산온천은 실외 온천풀을 갖추고 있어서 가족과 함께 온천욕을 즐기기에 좋습니다.

충청북도 충주의 수안보온천은 우리나라 최초로 자연적으로 솟아오른 천연 온천수입니다. 충주시가 모든 온천수를 관리하기 때문에 믿을 수 있는 온천이랍니다. 조선왕조실록에 따르면 조선 태조 이성계가 피부염을 치료하기 위해 수안보온천을 자주 찾았다는 기록이 있어요. 또 숙종 임금이 수안보온천을 찾아 휴식과 요양을 했다는 기록도 있어요. 그래서 '왕의 온천'으로 불려요. 수안보는 '보의 안쪽의 물탕거리'라는 순순한 우리말이 한자로 변형된 것이에요. 그런데 수안보의 한자가 처음 '水安保'였다가 일제 강점기를 거치면서 '水安堡'로 변한 적이 있었어요. 학자들은 충청북도 괴산군에 일본 군대가 있어서 군사적인 의미를 지닌 수안보로 바뀌었을 것으로 추측합니다. '保'가 '堡' 자로 바뀐 것은 일제강점기의 유산일 뿐만 아니라 글자 뜻을 비교해 볼 때 '保' 자가 훨씬 좋은 글자이므로 '保' 자로 되돌려 놓아야 한다는 의견들이 많았어요. 그래서 2004년 지명을 개정할 때 반영되어 '水安保'로 돌아왔습니다.

수도권과 가까워서

아래 그래프는 2004~2014년 사이 수도권에 있던 기업이 어디로 이전했는가를 보여주고 있는데요. 충청남도로 가장 많이 이전했고, 그 다음이 강원도입니다. 그렇지만 충청북도와 대전까지 포함한다면, 수도권에서 가장 많이 이전한 곳은 단연 충청도입니다.

한 곳에 자리를 잡은 기업이 옮겨갈 때에는 여러 가지를 고려할 것입니다. 기업은 이익을 만들어 내는 것이 가장 중요하기 때문에 가장 많은 이익을 남길 수 있는 곳을 찾겠지요. 기업들이 충청 지역으로 가장 많이 이전하는 까닭은 충청 지역이 수도권과 지리적으로 가까울 뿐만 아니라 사통팔달의 교통 역시 편리하기 때문입니다.

통계청에서는 2030년부터 수도권의 인구는 감소하고 충청남도 지역의 인구는 증가할 것으로 예상했습니다. 기업들이 지속적으로 이전하면 그곳에서 일하는 사람과 그의 가족들도 이전하게 되고, 그들을 대상으로 하는 여러 가지 서비스업에 종사하는 사람들도 늘어나게 되기 때문에 전체적으로 인구가 증가하게 됩니다.

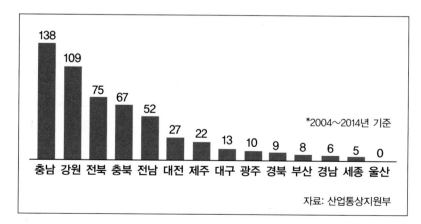

*2004~2014년 기준

자료: 산업통상지원부

수도권 이전 기업현황
수도권에 있던 기업들이 충청 지역으로 많이 이전하는 것은 수도권과 가깝고 교통이 편리하기 때문이다.

오송생명과학국가산업단지
충청북도 청주시 흥덕구 오송읍에 조성된 생명과학단지다. 정부가 보건의료 및 생명과학기술 분야를 국가전략사업으로 육성하기 위해 조성했다.

충청남도 서해안 지역은 2000년 서해안고속도로가 개통되면서 서울에서 2시간 거리가 되었어요. 특히 당진은 13억 인구를 가진 중국과의 거리도 가까워 중국을 대상으로 하는 무역의 성장도 기대할 수 있습니다. 특히 당진은 현대제철소가 건설되면서 철강 관련 기업들이 속속 입주하는 지역으로 도시의 성장세가 매우 가파릅니다.

천안은 수도권 전철이 연장되면서 발전 속도에 가속도가 붙은 도시입니다. 또삼성디스플레이 등 주변 산업단지가 27곳, 근로자 6만 4000여 명이 근무하는 곳입니다. 2004년 이후 10년간 10만 명이 늘어 2014년에는 인구 60만 명을 돌파했어요.

충청도에는 1970년대에 대전에 조성된 대덕연구개발특구 외에도 국제과학비즈니스벨트가 있고, IT에 특화된 광역미니클러스터 오창과학산업단지, 오송생명과학국가산업단지 등이 있어 과학기술의 메카로 우뚝 서고 있습니다.

행정중심 복합도시, 세종특별자치시 건설

2012년 7월 1일, 우리나라 최초의 특별자치시인 세종특별자치시가 문을 열었어요. 세종특별자치시는 충청남도 연기군과 공주시 일부와 충청북도 청원군 일부가 합해져 만들어진 도시에요. 대전시와 충남, 충북으로 둘러싸여 있는 세종특별자치시는 수도권에 과도하게 인구와 기능이 집중되어 나타나는 여러 가지 부작용을 해소하고 국가의 균형 발전을 도모하고 국가의 경쟁력을 강화하기 위한 목적으로 건설된 도시입니다. 면적은 서울특별시의 4분의 3 정도에 해당됩니다.

2014년까지 36개의 중앙행정기관과 16개의 국책연구기관 등 행정 기능이 이전을 완료했습니다. 여기에 교육, 문화, 첨단산업 등의 기능이 어우러져 자급자족할 수 있는 행정중심 복합도시를 목표로 하고 있습니다.

세종특별자치시는 국토의 중심에 위치하고 광역교통망을 갖추고

세종특별자치시
충청남도 연기군 일대에 조성한 행정중심 복합도시로 우리나라 첫 특별자치시이자 17번째 광역 자치단체다.

정부세종청사
세종특별자치시 내에 위치한 대한민국의 정부 청사로 16개 중앙부처가 이곳에 있다.

있어 전국 어디에서나 2시간 이내에 닿을 수 있어요. 경부고속철도와 경부선, 경부고속도로가 동쪽으로 지나가고, 서쪽으로는 호남고속도로와 논산천안고속도로, 당진영덕고속도로, 대전유성 연결도로가 지나가며, 남북으로 국도1호선이 지나가는 교통의 요지입니다. 세종특별자치시가 가지고 있는 지리적 여건은 서울이 가지고 있던 행정기능을 이전할 곳을 선정할 때 중요하게 작용했어요.

세종특별자치시가 실질적인 행정수도가 되고 '세종'이라는 이름에 걸맞는 곳이 되려면 문화적인 측면과 교육 환경도 발전시켜 나가야 합니다. 그래야 진정한 행정중심의 복합도시가 될 수 있습니다. 세종시가 행정중심도시의 역할을 다하기 위해서는 최우선적으로 주거와 교육 환경을 개선하고 업무 비효율을 줄이는 방안들이 뒷받침되어야 할 것입니다.

내포 신도시는 어떤 역할을 하게 될까요?

대전은 충청남도에 속해 있는 '대전시'였어요. 충청남도 내에서 가장 큰 도시였기 때문에 충남도청을 비롯해 충청남도를 대표하는 다양한 기관들이 자리잡고 있었어요. 그런데 1989년에 '대전직할시', 1995년에 '대전광역시'가 되면서 충청남도에서 분리되었음에도 불구하고 여전히 충청남도를 대표하는 기관들은 대전광역시에 남아 있었어요. 이에 따라 충청남도의 균형발전과 환황해권 중심 도시로 성장하기 위해, 새로운 도시를 만들어 충남도청을 비롯한 기관들을 이전하기로 결정했어요. 그래서 만든 것이 내포 신도시입니다.

내포 신도시는 충청남도 홍성군 홍북면과 예산군 삽교읍 일대에 조성되고 있어요. 이 지역은 장항선 철도 및 서해안 고속국도, 당진–대전 간 고속국도와 이웃해 있기 때문에 충청남도 내에서 접근성이 아주 좋은 지역입니다. 2020년까지 인구 10만 명을 수용할 수 있는 규모로 만들어질 예정이에요. 이곳에는 2012년 말부터 충남도청을 비롯해, 도의회, 교육청, 경찰청 등 대전에 소재지를 두고 있는 도 단위의 기관과 단체 121개가 입주할 예정입니다. 내포 신도시가 완성되는 2020년경에는 내포신도시가 충청남도의 중추 관리 기능을 할 것으로 예상되고 있어요.

매포신도시 충남도청 신청사

2 백제의 역사와 문화를 간직한 충청남도

충청남도는 전국에서 가장 해발고도가 낮은 곳이에요. 가장 높은 서대산이 904m 정도이고, 도 전체의 평균 고도가 100m 정도밖에 안 됩니다.

충청남도를 대표하는 금강은 공주, 부여, 강경을 거쳐 서해로 흘러요. 해안선이 복잡하고 조차가 큰 충청남도의 서해안지역은 갯벌이 잘 발달되어 있지요. 이곳은 일제 강점기부터 간척사업으로 해안선이 점점 직선으로 변하고 있어요. 삽교천 방조제, 대호 방조제, 석문 방조제, 서산, A, B지구 방조제 등 대형 방조제들이 건설되었는데, 방조제는 교통로로 이용되고 방조제의 안쪽은 농경지와 공업지역으로 이용하고 있어요.

전국 어디서나 접근하기 편리한 곳, 가장 높은 경제 성장률을 자랑하는 곳, 환황해권의 중심 지역. 충청남도는 매우 가파르게 성장하고 있습니다.

- 충청남도는 전국 어디서나 접근하기 편리한 위치에 있다. 전국에서 해발고도가 가장 낮은 지역으로 서해로 흘러드는 금강이 있고, 해안선이 복잡하고 조차가 큰 서해안지역에 갯벌이 잘 발달되어 있다.

- 충청남도 서쪽 끝에 서해로 돌출되어 있는 태안반도에는 천리포, 만리포 등 이름난 해수욕장들이 있고, 태안반도 남쪽 끝에는 원래 육지였다가 섬이 된 안면도가 자리 잡고 있다.

- 갯벌에 기댄 어업 중심 지역이던 당진은 1970년을 전후로 하여 대단위 간척사업이 시작되어 농경지가 확보되자 농업 중심 지역으로 탈바꿈하였다. 2000년대 들어서는 국내의 많은 철강 관련 업체들이 당진에 입주하여 철강도시로 변모하기 시작했는데, 서해대교와 서해안 고속도로 개통, 당진평택항의 개항으로 교통 여건이 좋아진 것이 크게 기여했다.

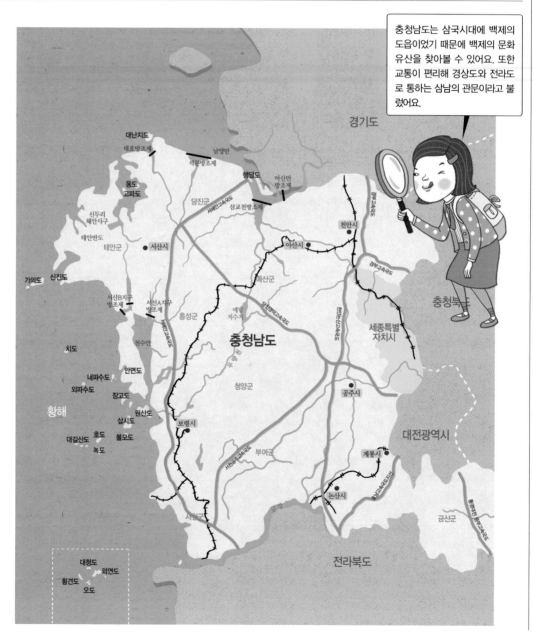

충청남도는 삼국시대에 백제의 도읍이었기 때문에 백제의 문화유산을 찾아볼 수 있어요. 또한 교통이 편리해 경상도와 전라도로 통하는 삼남의 관문이라고 불렀어요.

안면도는 섬일까?

충청남도 서쪽 끝에는 서해바다로 돌출되어 있는 태안반도가 자리 잡고 있어요. 해안선의 드나듦이 매우 복잡한 리아스식 해안을 이루고 있어 바다가 육지 안쪽으로 굽어 들어간 곳마다 백리포, 천리포, 만리포, 몽산포, 꽃지와 같이 이름난 해수욕장들이 많지요. 태안반도의 북쪽 끝 학암포 해수욕장부터 안면도까지는 태안해안국립공원으로 지정되어 있어요. '모든 것이 태평하고 편안하다.'라는 이름처럼 조용하고 아름다운 곳입니다.

안면도는 태안반도의 남쪽 끝에 자리 잡고 있어요. 한자가 섬 도(島)여서 섬이겠거니 생각하겠지만 안면도는 육지였다가 섬이 된 곳이랍니다. 안면도는 원래 태안반도 남쪽에 있던 태안곶이었어요. 조선 인조 때에 삼남 지역에서 세금으로 걷은 곡식을 한양까지 실어 나르는 것이 불편하자 지금의 태안군 남면과 안면도 사이의 바닷길을 파내 운하로 만들면서 섬이 되었어요. 백사수도(白砂水道)라고 불리는 우리나라 최초의 운하가 뚫리면서 안면도를 빙 둘러 가는 뱃길보다 약 200여 리가 단축되었어요. 세월이 흘러 1970년에는 안면도와 육지를 연결하는 다리를 놓음으로써 더 이상 섬이 아닌 곳이 되었습니다.

'편안하게 잠자는 곳'이라는 뜻을 가진 안면도는 말 그대로 서해 바다를 배경으로 편안하게 잠들어 있는 모습을 하고 있어요. 그런데 '안면'은 '바닷물이 편안히 누워 쉴 수 있는 곳'이라는 뜻도 가지고 있어요. 이것은 아마도 안면도가 숲으로 우거져 있기 때문일 거예요.

안면도는 조선시대에 섬 전체가 '왕실의 숲'으로 지정되어 있었어

◐ 안면도 다리 1970년에 안면도와 육지를 연결하기 위해 만든 다리다.

◐ 태안해안국립공원 남면 몽산포 충남 태안군 남면 몽산리에 있는 포구로 해수욕장 주변에는 천연기념물 모감주나무의 군락이 있다.

태안해안국립공원 근흥 가의도 태안 근흥면 가의도리에 딸린 섬으로 안흥항에서 서쪽으로 5㎞ 지점에 있다.

태안해안국립공원 소원 만리포해수욕장 태안반도 서쪽에 있는 해수욕장으로 고운 모래가 2km 넘게 펼쳐진 백사장으로 유명하다.

요. 조선은 안면도에 소나무를 심고 왕실의 사람이 죽으면 사용할 관을 짜는 데에만 썼어요. 목재를 보호하기 위해 일반인들이 출입하지 못하도록 엄격하게 관리했습니다. 안면도의 소나무는 붉은 빛깔을 띠고 잔가지 없이 위로 쭉쭉 뻗으며 자라기 때문에 목재로서도 훌륭합니다. 조선 후기에 경복궁을 다시 지을 때에도 안면도의 소나무가 쓰였다고 해요.

조선시대에는 안면도의 소나무 숲처럼 나라에서 관리하는 숲이 더 있었어요. 대표적인 곳이 변산반도와 완도였어요. 숲은 강원도에 조성하는 것이 제격인 듯싶지만 현실은 그렇지 않았답니다. 목재를 한

안면도 소나무숲
조선 시대에 '왕실의 숲'으로 지정하여 왕실에서 쓸 소나무를 심고 관리하였다.

양까지 가져올 수 있는 교통 때문이었어요. 강원도에서 목재를 가져
오려면 한강의 수운을 이용해야 했어요. 아무리 빨라도 보름은 걸려
야 서울의 마포나루에 목재를 내려놓을 수 있었지요. 더군다나 겨울
이나 봄에는 한강의 물이 너무 적어 뗏목을 띄울 수 없을 정도였기 때
문에 제대로 운반을 할 수가 없었습니다. 그런데 안면도나 변산반도,
완도에서는 뱃길을 통해 한양으로 신속하게 목재를 운반할 수 있었어
요. 안면도의 경우는 사흘이면 충분했다고 합니다.

　그러나 변산반도와 완도의 울울창창하던 숲이 지금은 하나도 남아
있지 않아요. 변산반도는 안면도보다 한양에서 더 멀지만 뱃길은 더

삼림욕
안면도의 울창한 소나무 숲은 삼
림욕을 하기에 좋다. 초록색 숲을
보며 신선한 공기를 마시는 삼림
욕은 심신의 건강에 도움을 주기
때문에 많은 사람들이 찾는다.

편리했던 곳입니다. 이곳의 숲이 사라진 이유는 소금 때문이에요. 조선시대에 소금은 지금처럼 햇빛에 바닷물을 증발시켜 얻는 천일염이 아니라 자염이었어요. 즉 바닷물을 가마솥에 넣고 끓여서 얻는 것이지요. 소금꾼들은 땔감이 필요했고 조정의 관리가 소홀한 틈을 타서 자염을 만드는 땔감으로 사용한 거예요.

완도의 숲은 군사용이었어요. 완도는 장보고가 청해진을 설치한 곳입니다. 해상교통이 편리하기 때문에 요충지였지요. 그래서 왜구의 침략에 대비해 군대에서 사용할 배를 만들기 위해 숲을 만들었어요.

꽃지 해수욕장
백사장이 넓고 깨끗하며, 해변의 경사가 완만하고 수온이 적당해서 해수욕장으로서의 입지 조건이 좋다. 특히 할배바위와 할매바위를 배경으로 펼쳐지는 낙조가 아름답기로 유명하다.

그런데 한양에서 너무 멀다 보니 관리가 소홀했고, 주민들이 땔감으로 나무를 마구 베어 내 지금은 흔적조차 남지 않았어요.

안면도의 소나무 숲도 일제강점기에 함부로 베어지기도 했고 송진 채취를 위해 일본인들이 나무마다 칼집을 내기도 했어요. 6·25전쟁을 겪으면서도 많은 소나무들이 훼손되었습니다. 현재는 승언리 일대의 울창한 소나무 숲이 유전자 보호림으로 지정되어 있어요. 자연휴양림 아래 통나무집도 마련되어 삼림욕하기에 아주 좋습니다.

우리나라에도 사막이 있다

충청남도 태안의 신두리에는 15,000년경에 만들어진 신비스러운 사막이 있어요. 곳곳에 있는 모래언덕들이 마치 사막에 온 것 같은 착각에 빠지게 합니다. 이 모래언덕은 태안반도의 서북해안을 따라 폭 0.5~1.3km, 길이 3.4km나 돼요. 2011년 천연기념물 제431호로 지정되었고, '해양생태계 보전지역 제1호'로도 지정되었지요.

우리나라와 같은 기후에서 어떻게 거대한 모래언덕이 생길 수 있었을까요?

지도에서 신두리 해안사구가 놓여 있는 방향을 잘 살펴보면, 북서쪽을 바라보고 길게 늘어져 있는 것을 볼 수 있습니다. 이곳은 겨울 동

∞ 태안 신두리 해안사구
(천연기념물 431호, 해양생태계
보전지역 제1호)
해류에 의해 운반된 모래가 해안
에 언덕을 이루고 있는데, 우리나
라에서 규모가 가장 크다. 내륙과
해안의 생태계를 이어주는 완충적
역할을 하며, 사막 지역 같은 독특
한 경관, 해당화 군락 등이 인상적
이다.

두웅습지
신두리 해안사구지대의 동쪽에 위치
한 습지로 다양한 희귀 동식물이 서
식하고 있어 습지보호지역으로 지정
하였다.

안 강하게 불어오는 북서계절풍을 온몸으로 맞닥뜨리는 곳입니다.

먼저 파도가 신두리 바닷가에 모래를 쌓아 놓습니다. 겨울이 되어 강한 북서계절풍이 계속 불면서 고운 모래들을 바닷가 뒤쪽으로 옮겨 놓아요. 이때 만들어진 모래 언덕을 '사구'라고 불러요. 이런 식으로 파도가 해변에 모래를 쌓아 놓으면 북서계절풍이 옮겨 놓기를 15,000여 년 동안 계속 한 것이죠. 그러면서 거대한 모래언덕을 이루게 된 것입니다.

해안사구는 육지와 바다 사이에 놓여 있어서 육지의 생태계와 바다의 생태계가 자연스럽게 만나는 곳입니다. 그리고 폭풍이나 해일이 발생했을 때 육지의 농경지를 보호하는 역할도 해요. 육지의 산골짜기에서 흘러내려 온 지하수는 사구에 막혀 고이게 되는데, 이는 해안 지역 사람들에게 먹을 수 있는 물을 제공하는 역할을 하지요. 신두리 해안사구 안에도 '두웅'이라는 습지가 있어요. 길이가 약 20m, 너비는 약 100m, 수심은 최대 3m 정도인 두웅 습지 주변에는 멸종위기종인 금개구리, 맹꽁이 표범장지뱀, 사구식물인 갯그령, 통보리사초군락, 수생식물인 붕어마름, 수련군락 등 수백여 종의 희귀 야생 동식물이 서식하고 있어요. 규모는 작지만 보존해야 할 가치가 매우 크기 때문에 2007년 람사르 습지에 등록되어 보호하고 있습니다.

태안 신두리 두웅습지—

백제 문화의 중심지 공주·부여

한강 유역에 도읍을 정했던 백제는 고구려 장수왕의 남하정책으로 한강 유역을 고구려에게 내주게 돼요. 그리고 남하하여 금강의 남쪽인 웅진(지금의 공주)에 도읍을 정하지요. 이때 쌓은 도성이 공산성(公山城)입니다.

백제의 역사 중에 공주가 도읍이 되었던 시기는 63년으로 짧지만

무령왕이 통치하던 때부터 정치가 안정되었어요. 고구려에 지혜롭게 대응하고 아시아의 여러 나라와 문화 교류의 폭을 넓혀 나가면서 개방적이면서도 국제적인 백제 문화를 만들었습니다. 무령왕이 죽고 그의 아들 성왕이 왕위에 올랐어요. 성왕은 백제가 큰 나라로 발전하기에 웅진이 부족하다고 생각했어요. 그래서 한강변의 위례에서 웅진으로 도읍을 옮긴 지 63년 만에 다시 사비(지금의 부여)로 도읍을 옮겼

공산성
공주가 백제의 도읍지였을 때 공주를 수호하기 위해 쌓은 것이다. 웅진성으로 불리다가 고려 시대 이후 공산성으로 불린다.

지요.

 공주에는 백제의 궁성인 공산성이 남아 있어요. 공산성은 금강변에 있는 해발 110m의 공산(公山) 정상에서 서쪽의 봉우리까지 에워싼 산성입니다. 한강변에서 웅진으로 천도하여 다시 부여로 천도할 때까지 63년간 도읍지였던 공주를 지키고 보호하는 기능을 했어요. 지금 공산성은 잘 복원되어 시민들의 쉼터가 되었습니다.

 공산성에서 조금 떨어진 곳에는 송산리 고분군이 자리 잡고 있어요. 송산리 고분군은 백제의 웅진시대를 다스렸던 왕실의 무덤으로 알려진 고분들이 모여 있습니다. 송산리 고분군 중에서 가장 유명한 무덤은 무령왕릉이에요. 옛날 무덤들은 발굴되기 전에 대부분 도굴되었다고 해요. 그런데 무령왕릉은 1971년 도굴되지 않은 채 발견되어

송산리고분군
백제의 도읍지가 웅진이었을 때
재위했던 왕과 그 왕족들의 무덤
이 모여 있는 곳이다.

서 발굴 당시 큰 화제가 되었어요. 2천 점이 넘는 유물이 과거에 묻혔던 그대로 보존되어 있었기 때문에 역사적 가치가 엄청났지요. 송산리 고분군을 대표하는 무령왕릉을 비롯해 1~6호 고분은 발견 당시의 상태대로 복원해 놓았어요. 직접 무덤 안에 들어가서 무덤의 구조와 벽화 등을 살펴볼 수 있게 만들어 놓았답니다.

무령왕릉에서 조금만 걸으면 국립 공주 박물관이 있어요. 백제 시대의 여러 유물들과 함께 무령왕릉에서 나온 많은 양의 유물을 보관하고 있어요.

부여는 성왕 이후 123년간 백제의 수도였어요. 백제는 성왕의 노력으로 크게 발전했지만 신라와 당나라 연합군이 공격하는 바람에 결국 멸망하고 말았습니다. 그렇지만 우아하고 세련된 문화를 꽃피웠어요.

부여에는 '궁남지'라는 연못이 있어요. 우리나라 연못 가운데 제일 처음 만들어졌어요. 궁남지는 연못 주변에 버드나무가 심어져 있는 일종의 연못 정원인데, 경주의 안압지보다도 먼저 만들어졌다고 해요.

궁남지
우리나라에서 최초로 만들어진 인공 연못으로 백제의 단아한 멋이 느껴진다.

정림사지 5층 석탑은 가장 오래된 백제 건축물입니다. 백제는 일본에도 문화를 많이 전파했는데, 일본의 호류사에 있는 5층 석탑은 정림사지 5층 석탑과 쌍둥이처럼 닮았어요.

부여의 능산리에는 공주의 송산리처럼 고분군이 있어요. 사비로 도읍을 옮긴 이후의 왕들의 무덤이지요. 그러나 발굴되기 전 이미 대부분 도굴이 되어 누구의 무덤인지는 전혀 알 수 없답니다.

백제의 마지막 왕이었던 의자왕의 궁녀 삼 천 명이 나당 연합군이 쳐들어왔을 때 이들을 피해 백마강에 몸을 던져 자살했다는 낙화암도 유명합니다.

국립 부여 박물관은 백제 문화의 보물 창고입니다. 국보인 백제 금동 대향로를 비롯해 백제의 유명한 연꽃무늬 기와 등이 전시되어 있어요.

낙화암
부여 백마강변의 부소산에 있는 바위로 백제가 멸망할 때 의자왕의 궁녀 삼 천 명이 떨어져 죽었다는 슬픈 전설이 전해져 온다.

◐ 정림사지 5층 석탑(국보 제9호) 부여의 정림사지에 있는 백제의 석 탑이다.

◐ 백제 금동 대향로(국보 제287호) 백제 불교 미술의 걸작품으로 백제인의 예술세계와 정신 세계를 보여 준다.

삼남대로가 만나는 천안 삼거리와 호두과자

옛날 한양에서 하삼도, 즉 한양의 아래쪽에 있는 충청도, 경상도, 전라 도로 내려가기 위해서는 반드시 거쳐야 하는 곳이 있었어요. 반대로 충청도, 경상도, 전라도에서 한양으로 가기 위해서도 반드시 이곳을 거쳤지요. 천안 삼거리는 한양에서 하나로 내려온 길이 영남대로와 호남대로로 갈라지는 곳입니다.

천안 삼거리는 지방으로 발령을 받은 관리들이 머물기도 하고, 과 거 시험을 보러 가던 선비가 들르기도 하고, 조선 팔도의 장터를 떠돌던 장돌뱅이들이 모여들었던 곳입니다. 천안 삼거리에는 오가는 수많은 사람들의 허기를 달래주고 쉼터를 제공하기 위해 주막들이 들어섰어요. 천안 삼거리의 주막거리는 전국에서 몰려드는 사람들로 언제나 북적였습니다.

'천안 삼거리 흥~~ 능수야, 버들아 흥~ 제멋에 겨워서 흥~~ 축늘어졌구나 흥~' '흥타령'이라는 민요의 한 구절입니다. 굿거리장단을 배울 때면 으레 등장하는 민요이지요. 천안 삼거리에는 능수버들이 흐드러져 있었다고 해요. 이 능수버들에 관한 애달픈 이야기가 전해지고 있어요.

능수버들
가지가 밑으로 처지는 모양을 한 버드나무의 한 종류로, 천안시를 상징하는 나무이다.

옛날 충청 고을에 유 씨 성을 가진 홀아비가 능소라는 이름의 어린 딸과 함께 살고 있었어요. 그런데 아버지 유 씨는 북쪽의 국경을 지키는 병사로 가야 했어요. 어쩔 수 없이 어린 딸을 천안 삼거리 주막에 맡기고 곧 돌아오겠다는 말을 남긴 채 아버지는 떠났어요. 어린 능소가 처녀가 되도록 아버지는 돌아오지 않았어요. 능소는 매일매일 아버지를 기다렸어요. 마침내 능소는 기다림에 지쳐 쓰러지고 그 자리에는 능수버들이 자라났대요.

지금 그 천안 삼거리는 남아 있지 않습니다. 그 자리에는 이리저리 쭉쭉 뻗은 도로만 있어요. 천안 삼거리 자리에 작은 표지석이 세워져 있을 뿐이에요. 천안시에서는 천안 삼거리 바로 옆에 '삼거리 공원'을 만들어 시민들의 쉼터로 삼았어요. 연못 주위로는 능수버들이 심어져

◑ 삼거리 공원
민요 '흥타령'으로 유명한 천안
삼거리를 기념하여 만든 공원
이다.

◑ 삼거리 공원 호수
삼거리 공원 내에 있는 호수 주
변에 능수버들이 심어져 있다.

광덕사 호두나무
천안 광덕사에 있는 호두나무
로 천연기념물 제398호로 지정
되어 있다.

있어 옛날이야기를 떠올리게 합니다.

천안은 전 국민의 영양 간식 호두과자로도 유명합니다. 호두나무는 고려 때 중국을 거쳐 우리나라에 처음 들어왔다고 해요. 원나라 사신으로 갔던 사람이 호두나무 묘목과 열매를 가져와 자신의 고향인 천안에 심은 것이 전국으로 퍼졌다고 해요. 중국에서 가져 온 묘목을 천안의 광덕사에 심었다고 전해지는데, 광덕사의 호두나무는 우리나라에서 가장 오래된 호두나무예요. 그래서 천연기념물로 지정되어 있습니다. 광덕사에는 호두나무의 전래를 적은 비석을 세웠어요. 천안은 우리나라의 대표적인 호두산지인 광덕산을 끼고 있어, 호두는 천안의 특산물이 되었습니다.

속에 호두를 넣어 호두처럼 동글동글하게 만든 호두과자는 1934년 '학화 호두과자'에서 시작되었다고 해요. 일제강점기 때 천안역 부근에서 제빵 기술자였던 남편과 그의 아내가 함께 구워서 팔던 것이 호두과자의 원조입니다. 일명 '학화할머니 호두과자'라고도 하는데, 심복순 할머니가 아직까지 살아 계시다고 하네요.

천안 호두과자
천안을 대표하는 명물 과자로 호두와 팥소를 넣고 호두 모양으로 만들어 굽는다.

세계에서 가장 깨끗한 축제(?), 보령 머드축제

보령 머드축제는 1998년에 시작되었어요. 역사는 짧지만 세계적으로 유명한 브라질의 삼바카니발, 스페인의 토마토 축제, 독일의 옥토버 페스트 등과 어깨를 나란히 할 만큼 유명한 축제로 성장했어요. 머드 축제를 찾는 관광객의 수가 200만 명을 넘고, 외국인 관광객도 20만 명에 이른다고 해요. 머드 축제는 우리나라에서 백사장의 길이가 가장 길다는 대천해수욕장에서 매년 7월에 열려요. 대천해수욕장은 해변의 길이가 약 3.4km이고, 폭은 100m나 됩니다. 이곳의 모래는 조개 껍질이 오랜 세월을 지나는 동안 잘게 부서져 모래로 변한 것입니다. 그래서 부드러우면서도 물에 잘 씻기는 장점이 있어요.

2009년 영국의 한 일간지는 세계에서 가장 더러운 축제로 보령의 머드 축제를 꼽았다고 해요. 그러나 머드 축제에 사용되는 머드는 더러운 것이 아닙니다. 보령 머드 축제에서 사용하는 머드는 화장품의 원료로 사용되는 멸균 처리된 깨끗하고 질 좋은 머드입니다. 2001년도에 ISO9002인증을 받았고요. 미국식품의약국의 안정성 검사도 통과했습니다. 축제 기간 동안 머드 원액을 250톤 정도 사용하는데, 돈으로 따지면 약 2억 원이나 됩답니다.

보령시는 대천해수욕장 인근 청정 갯벌에서 캐낸 양질의 바다 진흙을 가공한 머드 화장품을 개발했어요. 머드 화장품이 피부 미용에 뛰어난 효과가 있는 것으로 밝혀졌지요. 이를 널리 홍보하기 위해 머드 축제가 시작되었어요. 머드를 이용한 다양한 체험 프로

○○ 보령 머드축제
고운 바다 진흙인 보령의 머드
는 피부미용에 효과가 뛰어난
것으로 알려져 있다.

◐◐ 보령 머드축제를 즐기는 외국인
다양한 체험을 할 수 있는 보령 머드축제는 외국인 관광객들에게 인기가 높다.

◐ 보령 머드축제 전경
매년 여름 대천해수욕장에서는 보령의 명물 머드를 이용한 축제가 열린다.

그램이 만들어 지고 갯벌마라톤 대회 등 관광객의 눈높이에 맞춘 프로그램들이 머드축제에 또 오고 싶게 만들지요.

대천해수욕장의 인근에 있는 무창포해수욕장도 들러볼 만해요. 무창포해수욕장은 한국에서 최초로 개장한 해수욕장입니다. 한 달에 두 번 바닷물이 가장 많이 빠지는 사리가 되면 모세의 기적이라고 불리는 신비의 바닷길이 열려요. 바닷길이 열리면 무창포해수욕장과 석대도 사이에 1.5km 정도의 S자 모양의 우아한 곡선이 펼쳐집니다. 바닷길에서는 해삼, 소라, 바지락, 꽃게 등 해산물을 잡는 특별한 체험을 할 수 있어요.

무창포해수욕장 신비의 바닷길
매월 사리 때 무창포 해변에서 석대도까지 이어지는 길이 나타나는데. 이것은 주변보다 높은 지형이 썰물 때에 드러나는 현상 때문이다.

머드축제를 신나게 즐겼다면 석탄 박물관을 들러 보는 것도 좋습니다. 강원도 태백에도 있는 석탄 박물관이 이곳 보령에도 있어요. 게다가 보령의 석탄박물관은 우리나라에서 가장 먼저 만들어졌습니다. 보령은 서해바다를 끼고 있어 해수욕장으로 유명하지만 우리나라에서 태백산지 다음으로 중요한 석탄 생산지였어요. 이곳의 광산들도 강원도의 정선, 태백과 마찬가지로 1990년대에 모두 폐광이 되었어요. 보령시에서는 충남의 탄전과 탄광 근로자들이 석탄산업 발전에 애쓴 노력과 수고를 기념하기 위해 우리나라 최초로 석탄박물관을 만들었습니다. 폐광에서 나오는 찬바람을 시원하게 쐴 수 있는 냉풍터널을 만

◉ 무창포해수욕장
충청남도 보령시 웅천읍 관당리에
있는 서해안에서 최초로 개장된 해
수욕장이다. 바닷길이 열리는 현대
판 모세의 기적으로 유명하다.

들고, 석탄을 캐내기 위해 땅속을 뚫은 길에는 석탄을 캐내는 과정을 실물 크기로 재현해 놓았어요. 그래서 마치 실제로 승강기를 타고 지하 400m에 있는 듯한 느낌을 받습니다.

보령에는 폐광된 탄광에서 흘러나오는 찬바람을 이용해 냉풍욕장을 만들었어요. 땅속은 일 년 내내 온도가 일정해요. 그래서 땅속에서 나오는 지하수가 겨울엔 따뜻하게 느껴지고 여름엔 얼음처럼 차게 느껴지지요. 냉풍욕장은 이 원리를 이용한 것입니다. 원래는 연중 일정한 온도를 유지하고 있는 바람을 이용해 양송이버섯을 재배하는 곳이었어요. 그런데 특별히 7월과 8월에는 일반 관광객들에게 냉풍욕장으로 무료로 개방하고 있습니다. 한여름 대낮의 기온은 30℃를 육박하지만 냉풍욕장에는 12~14℃ 정도 되는 찬바람이 불어서 조금만 있어도 한기가 느껴집니다.

◉ 석탄 박물관
우리나라 최초로 세운 석탄박물관
으로 석탄 산업의 역사와 중요성을
알리기 위해 세웠다.

인삼의 고장, 금산

국내 인삼의 80%가 거래된다는 금산에 가면 검은색 햇빛 차단막이 줄지어 늘어서 있는 것이 가장 먼저 보입니다. '비단 산'을 뜻하는 충청남도 금산은 이름처럼 산이 많고 경치가 빼어난 고장입니다.

금산의 인삼 역사는 약 1,500년 전으로 거슬러 올라갑니다. 금산군 남이면 성곡리 개안 마을에 병든 홀어머니를 모시고 사는 효성이 지극한 선비가 있었어요. 가난한 선비는 병석에 누운 홀어머니를 위해 온갖 좋다는 약을 구해 병구완을 했지만 어머니의 병은 점점 더 깊어지기만 했어요. 선비는 매일 금산의 진악산 관음굴을 찾아 어머니의 병을 깨끗하게 낫게 해 달라고 빌고 또 빌었어요. 그러던 어느 날 꿈속에 산신령이 나타났어요. '진악산 관음봉 암벽에 빨간 열매가 세 개 달린 풀이 있으니, 그 뿌리를 달여서 어머니께 드리면 병이 나을 것이다.'라고 말하고는 사라졌어요. 잠을 깬 선비는 꿈이 너무나도 선명했기에 산신령이 말한 곳으로 가 보았어요. 과연 거기엔 산신령이 말한 것처럼 빨간 열매가 달려 있는 풀이 있었습니다. 조심스럽게 뿌리를 캔 선비는 정성껏 다려서 어머니께 드렸어요. 어머니의 증세가 점점 나아지기 시작하더니 얼마 후에는 씻은 듯이 나았어요. 선비는 세 개의 빨간 열매에 있던 씨앗을 마을에 심었어요. 그 뿌리가 사람의 모양을 닮았다 하여 '인삼'이라고 불렀습니다. 이때부터 금산의 인삼 재배가 시작되었습니다.

인삼 잎과 열매
인삼은 여러해살이풀로 해를 거듭함에 따라 뿌리가 조금씩 굵어진다. 다섯 장의 잎이 손가락 모양으로 모여 있으며, 여름에 빨간색 열매가 열린다.

인삼축제(인삼병 전시)
축제 기간 중 다양한 인삼 전시 행사를 연다. 인삼왕을 뽑아 전시하고, 관람객이 직접 인삼약초병을 만들어 보는 프로그램을 운영한다.

인삼은 재배하는 곳의 자연환경과 인삼을 캐는 시기가 매우 중요하여 좋은 인삼이냐 아니냐를 따질 때 매우 큰 영향을 받는다고 합니다. 금산은 전체 군 면적의 약 70%가 산으로 둘러싸여 있어 큰 일교차가 나타납니다. 해발고도는 평균 약 250m 정도로 야트막하게 경사진 곳이 많아요. 토양은 모래를 많이 포함하고 있어서 물이 잘 빠집니다. 금산의 이러한 자연환경은 인삼을 재배하는 데에는 하늘이 내린 장소나 다름없다고 합니다.

금산에서는 해마다 9월에 '금산 인삼축제'를 열어요. 면역력을 높여 주고 항암작용, 피부미용에도 뛰어난 효과가 있는 인삼을 우리나라 사람들뿐만 아니라 세계인들에게도 알리고 있습니다.

인삼캐기, 인삼깎기 체험 금산 인삼축제에 참가하여 인삼밭에서 직접 인삼을 캐고 깎는 체험을 할 수 있다.

제철도시로 기지개 펴는 당진시

1970년 전 당진은 서해안의 여느 지역처럼 해안선이 복잡하게 드나드는 곳이었어요. 밀물과 썰물의 높이차가 매우 커서 갯벌이 잘 발달되어 있었지요. 당진의 대부분의 사람들은 갯벌과 바다에 기대어 생계를 꾸려 나갔습니다. 그러나 1970년을 전후해서 당진에서는 대단위 간척사업이 시작되었어요. 1994년에 마무리가 된 삽교천지구간척사업, 1997년에 마무리된 대호지구간척사업, 2005년에 끝난 석문지구간척사업이 그것입니다. 대단위 간척사업으로 당진의 구불구불하던 해안선은 사라지고 삽교호방조제, 대호방조제, 석문방조제로 인해 반듯하게 바뀌었어요. 대호방조제는 길이가 7.8km이고, 석문방조제는 10.6km나 됩니다. 이로 인해 당진의 면적이 대략 30%나 증가했고, 농경지는 그전보다 70% 넘게 증가했어요.

삽교호방조제
충청남도 당진시 신평면 운정리와 아산시 인주면 문방리 사이로 흘러드는 삽교천 하구를 가로막은 둑이다. 1976년에 착공하여 1979년에 완공되었다.

삽교호는 1979년 10월 길이 3,360m의 방조제를 건설하면서 생긴 담수호예요. 본래 삽교천 유역은 풍부한 농업용수를 확보하지 못했을 뿐 아니라 하구에서 역류하는 바닷물로 염해까지 입어 왔어요. 이러한 자연재해를 근본적으로 해결하고 개선하기 위한 목적으로 삽교천 방조제를 축조해 쌀농사에 필요한 물을 얻을 수 있게 되었답니다. 서해바다와 갯벌에서 나는 어업 생산물이 대부분이었던 당진은 쌀 생산량이 전국에서 손꼽힐 정도로 많아졌습니다. 당진의 간척지에서 나오는 쌀은 '해나루쌀'이라는 브랜드로 팔리고 있어요.

어업 중심에서 농업 중심 지역으로 탈바꿈하던 당진은 2000년대 들어서는 다시 철강도시로 변모하기 시작했어요. 1990년대 초 한 철강회사가 당진에 제철소를 건설했어요. 그런데 여러 가지 이유로 1997년에 부도가 나 버렸어요. 이것을 또 다른 제철회사가 인수하게 되면서부터 당진은 명실공히 철강도시로서의 면모를 갖추어 나갔지요.

새로 입지한 제철회사는 철광석을 녹여 철성분을 분리한 후 쇳물을 굳혀서 철강제품으로 만드는 전 과정을 한 곳에서 할 수 있는 일관제철소를 건설했어요. 이와 관련하여 국내의 많은 철강 관련 업체들이

🔾 **대호방조제**
충청남도 석문면과 서산시 대산읍을 연결하는 방조제다.

🔾 **석문방조제**
충청남도 당진시 송산면에서 석문면을 연결하는 방조제다.

서해대교
서해안고속도로 구간 중 경기
도 평택시와 충청남도 당진시
를 잇는 다리로, 서해권 교통망
과 물류기반 확충을 위해 1993
년 11월 착공해 2000년 11월 개
통되었다.

차례로 당진에 입주했습니다. 서해대교 개통과 서해안 고속도로 개통
으로 당진은 수도권과의 교통이 편리해졌을 뿐만 아니라 당진평택항
의 개항 등이 당진으로 많은 철강 관련 기업체들을 불러들였던 것입
니다. 그러면서 당진의 인구가 급격하게 증가했지요. 군이었던 당진
은 2012년 1월 1일에 우리나라의 76번째 시가 되었어요.

경제자유구역이란 무엇일까요?

경제자유구역이란 외국인들이 우리나라에서 공장이나 기업을 운영하도록 이끌어 들이기 위한 정부의 방침 중 하나로 정부가 특별하게 지정하는 지역입니다. 외국인들이 우리나라에 투자하면 외화도 벌어들일 수 있고 앞선 외국의 기술을 배울 수 있을 뿐만 아니라 우리나라에 일자리도 늘어나는 효과가 있기 때문입니다. 우리나라에는 2003년 인천 경제자유구역을 시작으로 2008년 당진, 아산, 평택 지역을 아우르는 황해경제자유구역을 포함하여 모두 8개의 경제자유구역이 지정(2014년 9월 현재)되어 있어요.

우리나라는 동북아시아 경제의 중심이 되는 국가를 만들기 위해 외국 기업이 투자하여 기업을 경영하기 좋게 만들고 이와 더불어 외국인의 생활 여건도 더 좋게 만들기 위해 노력하고 있어요. 그래서 경제자유구역으로 지정된 곳에서 외국 기업이 기업활동을 하면 기업활동에 필요한 여러 가지 종류의 세금을 깎아주거나 지원해 줍니다. 또 생산이나 생활의 기반이 되는 도로, 항만, 철도, 통신, 상·하수도 시설 등을 쓸 수 있도록 해 줍니다. 그밖에도 외국학교, 외국병원, 외국약국등도 설립할 수 있도록 해 주는 등 다양한 혜택이 주어집니다.

황해경제자유구역청 한국기계전

3 내륙의 고장 충청북도

충청북도는 우리나라에서 유일하게 바다를 접하지 않은 땅이에요. 동쪽에는 소백산맥, 북쪽에는 차령산맥 등 높은 산맥이 자리 잡고 있고, 서쪽으로는 낮은 산지와 구릉, 평야가 분포하고 있어요. 산이 많다 보니 논농사보다는 밭농사가 더 발달되어 있어요. 충주는 사과가 유명하고, 음성과 괴산은 고추, 보은은 대추가 유명하지요. 바다를 접하고 있지 않지만 남한강의 충주호와 금강의 대청호, 달천의 괴산호 등 인공 호수가 있어요. 이곳에서 어업 활동을 한답니다. 단양, 제천, 충주, 옥천 등에는 광산이 있어요. 2000년대에 들어선 오창 과학 산업 단지는 오송 생명 과학 단지와 함께 충청북도가 정보 기술과 생명 기술을 대표하는 지역으로 발돋움하는 데 크게 기여하고 있습니다.

- 충청북도는 우리나라에서 유일하게 바다를 접하지 않은 곳으로 동쪽에는 소백산맥, 북쪽에는 차령산맥 등 높은 산맥이 자리 잡고 있고, 서쪽으로는 낮은 산지와 구릉, 평야가 분포하고 있다.

- 석회암 지대인 단양은 시멘트 산업이 발달했을 뿐만 아니라 빼어난 경치를 자랑하는데, 하선암, 중선암, 상선암, 사인암(舍人巖), 구담봉, 옥순봉, 도담삼봉, 석문(石門)을 일컬어 단양팔경이라 한다.

- 여름과 겨울의 기온차가 크고 일조량이 많아서 포도 재배에 적합한 곳인 영동은 우리나라 포도 생산량의 약 10%를 차지하는 곳으로 우리나라 최대의 포도 산지라고 할 수 있다.

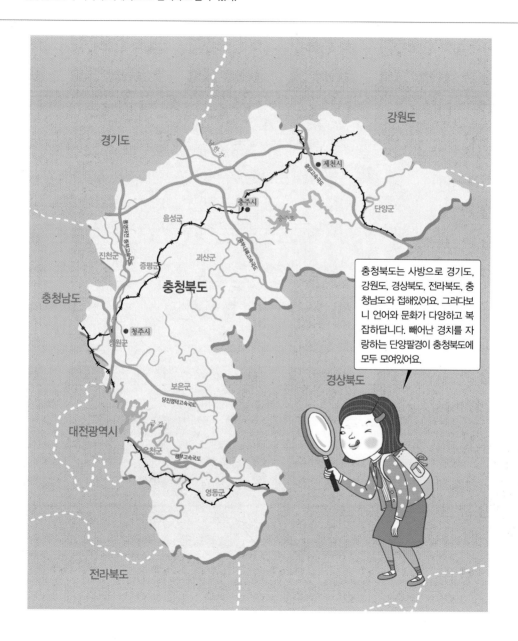

충청북도는 사방으로 경기도, 강원도, 경상북도, 전라북도, 충청남도와 접해있어요. 그러다보니 언어와 문화가 다양하고 복잡하답니다. 빼어난 경치를 자랑하는 단양팔경이 충청북도에 모두 모여있어요.

직지(直旨)의 고장 청주

충청북도 청주시는 현존하는 가장 오래된 금속활자의 본을 떠서 주조(쇠붙이를 녹여 거푸집에 부어 물건을 만듦)하고 인쇄한 곳으로 알려져 있어요. 독일 구텐베르크의 42행 성서보다 70여 년이나 앞서 주조되고 인쇄되었다고 해요. 이 금속활자를 이용해 인쇄한 책이 '백운화상초록불조직지심체요절'인데, '직지심체요절', '직지심체', '직지' 등으로 줄여서 부릅니다. '직지심체'란 '참선을 통해 사람의 심성을 바르게 보아야 그 마음의 본성이 곧 부처님의 마음임을 깨닫게 된다.'는 뜻입니다. 금속활자본 직지(直旨)는 이제 청주를 상징하는 상표가 되었어요.

금속활자가 왜 중요한 걸까요? 직지 이전까지는 나무판에 글자를 하나하나 새기고 도장을 찍듯 인쇄를 했어요. 하지만 금속활자는 똑

흥덕사지(사적 제315호)
충청북도 청주시 운천동에 있는 절터로 세계에서 가장 오래된 금속 활자본 '직지심체요절'을 인쇄한 곳이다.

같은 크기로 각각의 글자를 도장처럼 만들어서 책 모양의 틀에 문장에 맞는 글자를 순서대로 끼워 넣은 뒤 인쇄를 하는 방법이에요. 팔만대장경과 비교하면 이해가 잘 됩니다. 팔만대장경은 8만 개의 나무판에 부처님의 가르침을 적은 경전을 새긴 것입니다. 8만 쪽을 찍기 위해 8만 개의 나무판이 필요했어요. 그러나 금속활자본은 필요한 글자를 끼워 넣는 방법이기 때문에 페이지마다 새로 인쇄판을 만들 필요가 없습니다. 그야말로 인쇄 기술의 혁명이라고 할 수 있지요.

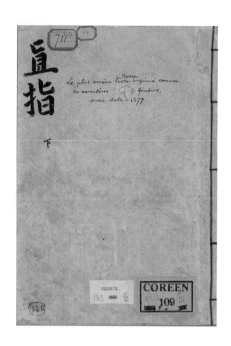

우리가 자랑하는 금속활자는 구텐베르크보다 200년 이상 앞서 고려에서 발명됐어요. 고려에서는 금속활자를 주조해 '상정예문'(1232~1241)을 인쇄했다는 기록이 있어요. 그러나 기록에만 있을 뿐 실제로 존재하지 않습니다. 현재 존재하는 세계 최고의 금속활자 인쇄본이 1337년 청주 흥덕사에서 인쇄된 '직지심체요절'입니다. 2001년 유네스코는 직지심체요절의 가치를 인정하여 유네스코 세계기록유산에 등재했습니다. 원래는 상·하권으로 만들어진 책이었으나 현재는 하권 2장부터 39장까지만 프랑스 국립도서관에 남아 있습니다. 병인양요 때 프랑스가 가져갔다고 해요. 그러나 상권은 전해지지 않고 있습니다.

청주시는 한 해 걸러 한 번씩 '청주직지축제'를 열어 대한민국의 자랑이자, 인류의 소중한 기록유산인 직지의 가치를 세계에 알리고 청주의 위상도 높여가고 있습니다. 또 청주시는 '직지'의 유네스코 세계

기록유산 등재를 기념하고 세계기록유산 보존과 활용에 크게 공헌한 개인과 단체에 유네스코와 함께 '유네스코 직지'상을 수여하고 있어요. 이로써 금속활자의 발상지인 청주와, 더 나아가서는 대한민국의 위대한 문화유산을 알리는 데 힘쓰고 있어요.

세계에서 가장 오래된 금속활자를 주조한 절인 흥덕사는 지금 절이 있었던 터만 남아 있어요. 이 흥덕사 터에 1992년 고인쇄 박물관이 개관했습니다. 세계 최초로 금속활자 인쇄를 창안하여 발전시킨 문화 민족임을 널리 알리고, 우리 선조들의 위업을 후세에 길이 전하고 우리나라 인쇄문화 발달사를 익히는 과학교육의 장으로 활용되고 있어요.

한편, 청주에는 미국 샤스타, 영국 나포리나스와 함께 세계 3대 광천수로 인정받고 있는 '초정약수'가 있습니다. 초정광천수는 약 6백 년 전에 발견되었다고 합니다. 지하 100m의 석회암층에서 솟는 광천수는 차가우면서도 새콤한 맛이 납니다. 미국식품의약청에서도 공인한 세계적인 물이지요. 고혈압, 당뇨, 위장과 눈 관련 질병에 효과가 있다고 해요.

세종대왕이 서기 1444년 충북 청주의 초정에 행궁을 짓고 123일간 머무르면서 눈병을 고친 것으로 세종실록에 기록되어 있어요. 청주시는 세종대왕의 초정행궁을 복원하여 관광자원화 하기 위해 노력하고 있습니다. 직지와 한글, 그리고 세종대왕은 자연스럽게 연결이 되며, 또 왕이 오랜 기간 머무르면서 치료를 받았던 초정 약수의 효능을 알릴 수 있을 것입니다.

청풍명월 제천

남한강은 강원도 오대산에서 출발하는 오대천에서 시작된다고도 하고, 강원도 태백시의 검룡소에서 발원한다고도 합니다. 이렇게 시작된 남한강은 강원도 영월을 거쳐 단양과 제천을 가로지르고 충주로 흘러갑니다. 1985년 충주에 다목적댐이 건설되자 남한강 골짜기에 청풍호가 생겼습니다. 청풍호는 바다가 없는 충청북도의 바다가 되었습니다. 그러자 댐의 상류에 해당하는 제천과 단양의 많은 지역이 청풍호에 잠겼어요. 남한강으로 배가 다니던 때 나루터로 번창하면서 제천 지역의 중심지 역할을 했던 청풍면도 물에 잠겼지요. 그곳에는 남한강 수운의 편리함을 바탕으로 옛날 제천 지역의 중심 노릇을 하던 청풍면 읍리가 물에 잠기면서 한벽루와 팔영루 등과 같이 곳곳에

한벽루
충청북도 제천시 청풍면에 있는 고려 시대 누각이다. 원래 청풍면 읍리에 있었는데 충주댐 건설로 마을이 수몰되자 청풍문화재단지로 옮겨놓았다.

있던 문화재들도 물에 잠길 위기에 놓였어요. 이집트에서 나일 강에 아스완 댐을 건설하면서 만들어진 바다와 같은 거대한 나세르 호에 아부심벨 신전이 잠길 것을 염려하여 높은 곳으로 옮겼던 것처럼, 제천에서도 이 문화재들은 더 높은 지역으로 옮겨 놓았습니다. 그래서 만들어진 것이 청풍문화재단지입니다.

청풍문화재단지에는 고려 때 관아의 연회 장소였던 한벽루(보물 528호)와 석조여래입상(보물 546호)의 보물 두 점이 있고요. 청풍을 드나들려면 꼭 지나야만 하는 관문 역할을 했던 팔영루, 조선시대 청풍의 관아 출입문이었던 금남루, 행정관이 집무를 보던 동헌건물인 금병헌, 공부로 내려온 중앙관리들의 숙소로 쓰던 응청각, 그밖에 청

풍향교 등의 건축물을 옮겨 놓았어요. 민가도 옮겨 놓았는데 그 안에는 생활유품 1,600여 점이 전시되어 있습니다. 송덕비, 선정비, 공덕비, 열녀문 등도 다수 있어요. 두 그루의 나무가 오랜 세월을 거치는 동안 한 그루가 되어 자라는 연리지도 볼 수 있어요. 한벽루에 올라서면 충주호가 한눈에 내려다보입니다.

　제천의 '의림지'는 밀양의 수산제, 김제의 벽골제와 함께 삼국시대 때 만들어진 저수지입니다. 지금으로부터 약 1,400여 년 전에 만들어졌는데, 이들 중 지금까지도 관개용 저수지 역할을 하고 있는 것이 바로 의림지예요. 제천의 남쪽과 북쪽은 물 사정이 판이하게 달라요. 남쪽은 남한강 줄기가 동에서 서로 흐르기 때문에 물 사정이 좋지만, 북

청풍호
1985년 충주댐 건설로 인해 만들어진 인공 호수로 규모가 크고 주변 경관이 뛰어나다.

의림지
오랜 역사를 가진 저수지로 충청북도 제천시의 북쪽에 있다. 신라 진흥왕 때 우륵이 처음 쌓았으며 약 700여 년 뒤 박의림이 쌓았다고 한다.

쪽은 물이 아주 귀합니다. 의림지는 물이 귀했던 제천의 북쪽에서 벼농사에 필요한 물을 공급하기 위해 만들었어요.

의림지는 원래 우거진 숲속에 있다고 해서 '임지'(林池)라고도 불렸고, 저수지 둑에 버드나무가 우거졌다 하여 '유지'(柳池)라고 불렸어요. 그 후 고려 때에 제천의 명칭을 의원 또는 의천이라고 바꾸면서 '임지'에 '의'자를 붙여 '의림지'라고 했을 것으로 짐작됩니다. 충청도를 '호서 지방'이라고 부르기도 하는데, 그럴 때의 호수가 바로 의림지입니다. 잔잔한 저수지를 빙 두르는 산책로가 만들어져 있고 멋진 소나무들이 늘어서 있어서 경치가 매우 아름답습니다. 또 영호정과 경호루와 같은 정자는 훌륭한 쉼터가 됩니다.

단양팔경을 따라서

1985년 충주댐 완공과 함께 물속으로 사라진 또 하나의 지역이 단양입니다. 옛 단양은 물에 잠기고 현재의 신단양(단양읍)이 새로 건설되었어요. 2015년이 신단양이 생긴 지 30주년이 되는 해여서 다양한 행사가 열렸습니다.

단양은 고생대에 만들어진 석회암층이 분포하기 때문에 고수동굴, 천동동굴, 노동동굴, 온달동굴 등과 같은 석회동굴이 있어요. 그중 고수동굴은 천연기념물로 지정되어 있어요. 동굴 입구에는 선사시대 주거지로 사용되었던 흔적도 볼 수 있습니다.

강원도 영월, 삼척과 충청북도의 단양, 제천, 충주 지역은 석회암층

고수동굴
충청북도 단양군 단양읍 고수리에 있는 석회암 동굴이다.

이 발달되어 있어 시멘트 산업이 발달했어요. 특히 단양군의 매포 일대에서 생산되는 석회석은 충북 전체 생산량의 90%를 넘을 정도로 압도적입니다.

단양을 이야기할 때 단양팔경을 빼놓을 수 없겠지요. 관동팔경과 함께 빼어난 경치를 자랑하는 곳이랍니다.

월악산 동북쪽 기슭에서 남한강으로 흘러드는 단양천 상류에 제1경인 하선암, 제2경 중선암, 제3경 상선암이 있어요. 기이한 암석과 깎아지른 절벽이 있는 계곡으로 차고 맑은 물이 흐르는 곳입니다. 퇴계 이황이 하선암의 아름다운 경치를 보고 '봄이면 철쭉꽃이 노을과 같고 가을이면 단풍이 비단과 같다.'고 칭찬했습니다.

단양팔경 중에서 으뜸은 제4경 사인암(舍人巖)을 꼽습니다. 고려 때 사인 벼슬을 했던 우탁이라는 사람의 관직 이름을 따서 사인암이 되었어요. 하천을 따라서 바위 절벽이 멋진 자태를 뽐내고 있을 뿐만 아니라 절벽 꼭대기에는 노송이 사시사철 푸른 모습을 하고 있어 예로부터 경치 좋기로 유명한 곳이었어요. 사인암은 조선시대 최고의 화가 김홍도의 단원수첩에 등장합니다. 사인암 곳곳에는 단양의 군수를 지냈던 퇴계 이황과 같은 유명한 사람들이 새긴 글귀들이 있어요. 또 사인암 아래 너럭바위에는 바둑판과 장기판이 새겨져 있습니다. 이것은 얼마나 많은 사람들이 사인암의 풍경을 사랑했는지 짐작하게 합니다.

제5경 구담봉과 제6경 옥순봉은 단양과 제천의 경계에 있어요. 충주댐이 생긴 이후에 구담봉과 옥순봉의 아래 부분이 물에 잠겨서 충주호에 떠 있는 섬처럼 되었습니다. 이들을 구경하려면 장회나루에서

⊙ 하선암 단양팔경 제1경으로 선암계곡 입구에 너른 바위가 마당을 이루고 있다.

⊙ 중선암 단양팔경 제2경이다. 선암계곡의 중심지로 큰 바위들이 절경을 이루고 있다.

⊙ 상선암 단양팔경 제3경이다. 선암계곡의 가장 안쪽으로 작은 바위들이 소박하고 정겨운 모습으로 앉아 있다.

옥순봉 단양팔경 제6경이다. 단양과 제천 경계에 있고 청풍호에 닿아 있는 바위산으로 봉우리가 마치 죽순과 같다 하여 옥순봉이라는 이름이 붙여졌다.

사인암 단양팔경 제4경으로 단양군의 동남쪽에 있으며, 기암과 계곡의 만남이 장관을 이룬다.

⬆ **충주댐** 충주시 종민동과 동량면 조동리 앞 계곡을 가로막아 세운 충주댐은 1985년 10월 완공되었다. 충주댐으로 인해 한강유역의 용수난을 해소하게 되었고, 연간 6억 t의 홍수조절로 한강의 수위를 1m까지 낮추게 되었다.

⬆ **구담봉** 단양팔경 제5경이다. 청풍호에 닿아 있는 절벽의 바위 형태가 거북을 닮았고 물속에 비친 바위에 거북무늬가 있다 하여 구담봉이라는 이름이 붙여졌다.

유람선을 타고 가야 합니다. 청풍호가 물에 잠기기 전에 겸재 정선과 단원 김홍도는 옥순봉과 구담봉을 그림으로 남겨 놓았습니다.

　단양팔경의 제7경 도담삼봉(嶋潭三峰)은 남한강 한가운데 봉우리 세 개가 떠 있어서 삼봉이고, 남한강 물을 연못에 비유하여 연못에 섬이 있는 형상이어서 '도담'이라는 이름이 붙었습니다. 조선이 개국하는 데 큰 공을 세운 정도전의 호가 삼봉입니다. 정도전이 이곳 중앙봉에 정자를 짓고 자주 찾아와 경치를 구경하고 시를 읊었다고 해요. 자신의 호를 '삼봉'으로 지은 것도 도담삼봉에 대한 사랑이 컸기 때문이랍니다. 도담삼봉에 전해 오는 전설에 의하면, 도담삼봉이 원래 강원도 정선에 있는 삼봉산이었다고 해요. 어느 해 큰 장마가 졌을 때 물길에 떠내려와 이곳에 놓이게 되었다고 합니다. 도담삼봉 건너편에는 우리나라에서 가장 오래된 구석기 문화 유적인 금굴이 있습니다.

○ 도담삼봉
단양팔경 제7경으로 남한강 가운데 솟아있는 세 개의 봉우리가 절경을 이룬다.

◐ **금굴유적** 남한강 가에 있는 동굴로 지금까지 알려진 구석기 유적 중 가장 오래된 것이다.

◐ **석문** 단양팔경 제8경이다. 도담삼봉보다 상류 쪽 강변에 위치한 무지개 모양의 돌문이다.

제8경 석문(石門)은 도담삼봉에서 상류로 조금 올라가면 강가에 서 있어요. 수십 개의 돌기둥이 무지개 모양을 하고 있는데, 두 개의 커다란 바위기둥을 또 하나의 바위가 가로질러 천연의 돌문을 만들어 놓았어요. 산 위에 걸쳐져 있어서 구멍을 통해 내려다보는 경치가 그만입니다. 석문 왼쪽 아래에는 옛날 하늘나라에서 물을 길러 내려왔다가 비녀를 잃어버린 마고할미가 살았다는 작은 동굴이 있어요. 마고할미가 비녀를 찾기 위해 손으로 땅을 팠는데, 그것이 99마지기 논이 되었다고 합니다. 주변의 경치가 하늘나라 경치보다 더 좋아서 마고할멈은 평생 농사를 지으며 살았다고 해요.

영동의 포도, 유럽을 넘보다

영동은 내륙 지역에 위치해 있기 때문에 여름과 겨울의 기온차가 큰 대륙성 기후가 나타납니다. 그렇지만 일조량이 많아서 '과일나라'라고 불릴 만큼 생산되는 과일의 종류가 많고 당도도 매우 높아요. 그중 대표적인 과일이 포도입니다. 충청북도 영동군의 별명은 레인보우, 즉 무지개입니다. 일곱 색깔 무지개로 영동의 아름답고 깨끗한 이미

영동 포도밭
영동 지역은 여름과 겨울의 기온차가 크고 일조량이 많아 포도 재배에 적합하다.

지와 포도, 감 등 영동을 대표하는 특산품을 표현했습니다. 무지개의 일곱 색깔 중 보라색은 포도를 뜻합니다.

충북 영동은 우리나라 포도 생산량의 약 10%를 차지하는 곳입니다. 우리나라 최대의 포도 산지라고 할 수 있지요. 영동의 포도가 유명한 것은 노지에서 재배되기 때문입니다. 여름의 뙤약볕을 온몸으로 받으며 탐스럽게 익은 포도를 송이째 따는 즐거움을 맛보려는 체험객들이 줄을 잇는 곳입니다. 영동의 포도밭에서 수확한 포도는 영동에서 다시 와인으로 태어납니다. 2005년 충청북도 영동군은 우리나라에서는 유일하게 '포도 · 와인산업특구'로 지정되었어요. '와이너리'는 포도주를 만드는 양조장을 의미하는데요. 1996년 국내 최초로 충북 영동에서 생산한 포도만을 이용해 와인을 만드는 '와인코리아'가 생겼어요. '와이너리 투어'도 있는데, 포도 농장에서 싱싱한 포도를 직접 따고 맛보는 체험을 하고, 포도를 이용해 와인을 만드는 과정을 견학하고 오크통에 담겨 있는 와인을 마음껏 시음하는 투어입니다.

와인 시네마 트레인
서울역에서 영동역까지 운행되는 기차로 영동에서 생산된 포도로 만든 와인과 관련한 다양한 체험을 할 수 있다.

서울역에서 충청북도 영동역까지 운행되는 '와인 시네마 트레인'도 있어요. 기차 안에서는 무료로 제공되는 와인을 마음껏 마실 수 있고, 체험과 레크레이션 등의 프로그램을 즐길 수 있습니다. 영동역에 도착해서는 '와인코리아'를 견학하고, 이웃해 있는 금산군을 방문하여 약초재래시장을 둘러보는 테마열차입니다. 영동군은 포도와 와인 산업을 육성해서 포도와 와인으로 유명한 유럽과 어깨를 견주기 위해 부단히 애쓰고 있습니다.

와이너리 체험과 함께 한국전쟁 초기에 미군이 민간인을 학살했던 현장인 노근리를 찾아보는 것도 좋은 역사 체험이 될 것입니다. 노근리에는 노근리평화공원이 있어요. 억울하게 희생된 사람들의 넋과 유가족들의 아픈 상처를 위로하는 동시에 희생자와 그 유가족들의 명예를 회복하기 위해 세워졌습니다. 민간인 학살 사건이 일어난 노근리 쌍굴다리도 둘러보며 역사를 올바르게 기록하는 것이 왜 중요한지를 생각해 보는 기회를 가질 수 있습니다.

쌍굴다리
영동 노근리에 있는 아치형 쌍굴 철도 교량으로 한국전쟁 때 많은 양민들이 피살된 '노근리 사건'의 현장이다. 다리 주변에는 당시 미군이 난사한 총탄 흔적이 많이 남아 있다.

충청북도가 '의료산업의 메카'로 떠오르는 이유는 무엇일까요?

충청북도의 오송생명과학단지가 대구광역시의 신서와 함께 첨단의료복합단지로 지정되었기 때문입니다. 첨단의료복합단지는 정부에서 보건의료 및 생명과학기술 분야를 우리나라의 경제를 앞에서 이끌 수 있는 산업부문으로 키우기 위해 추진한 정책입니다. 오송은 대구의 신서와 함께 2038년까지 첨단의료단지가 들어서게 될 예정입니다. 이곳에서는 기업체와 대학, 연구소, 국가기관이 톱니바퀴처럼 연결되어 서로 도움을 주고받는 체계를 갖추고 있습니다.

오송은 KTX 경부선과 호남선의 분기점인 오송역을 포함하고 있기 때문에 사통팔달의 첨단의료산업 도시가 될 수 있습니다. 또한 청주국제공항이 약 17km거리에 위치해 있어 세계로 뻗어나갈 수 있는 가능성도 매우 큽니다. 오송생명과학단지 안에는 식품의약안전처, 질병관리본부 등 보건의료와 관련된 6개의 공공기업체가 2010년에 이미 이전을 마쳤어요. 그리고 주택, 교육시설, 상업시설, 공원 등 일상생활을 위한 시설과 수많은 의약 및 바이오 기업이 입주할 공장들이 속속 들어서고 있어, 오송생명과학단지는 세계적인 보건의료산업지역으로 자리매김할 예정입니다.

오송 첨단의료산업진흥재단내 핵심연구지원시설 준공식

4 교통 중심지 대전광역시

대전광역시는 서울까지는 167.3km, 부산까지는 238.2km, 광주까지는 169km의 거리에 있기 때문에 남한의 중심지역이라고 할 수 있어요. 그래서 대전광역시를 이야기할 때에는 '교통'이 빠지지 않습니다. 경부·호남·대진고속도로, 국도 및 철도가 대전에서 경부선과 호남선으로 나누어질 뿐만 아니라 고속철도가 개통된 이후에는 더더욱 교통의 중심지로 자리매김하고 있습니다. 유성 온천을 품고 있는 유성관광특구와 우리나라 신기술과 신산업 창조의 토대가 되는 대덕연구개발특구를 중심으로 대전은 새로운 도약을 준비하고 있습니다.

- 대전광역시는 경부 · 호남 · 대진고속도로, 국도 및 철도가 대전에서 경부선과 호남선으로 나누어질 뿐만 아니라 고속철도가 개통된 이후에는 더더욱 교통의 중심지로 자리매김하고 있다.
- 대전광역시는 철도교통의 요지이자 우리나라 과학기술의 요람이자 국제과학비즈니스벨트의 거점도시이고, 중앙정부의 행정기능을 나누어 수행하는 곳이다.
- 대전시 유성구에 거대한 과학연구단지로 조성되어 있는 대덕연구개발특구는 우리나라 과학기술의 중심지로 신기술과 신산업 창조의 토대가 되고 있다.

대전은 전국 어느 곳이라도 쉽게 오갈 수 있는 교통의 중심지로 성장했어요. 우리나라 과학기술의 요람이자 국제과학비즈니스벨트의 거점도시이고, 중앙정부의 행정기능을 나누어 수행하는 곳입니다.

허허벌판에서 철도 교통의 요지로

1889년 경부선 철도 노선이 결정되었어요. 서울~수원~천안~공주를 거쳐 부산까지 내려가는 노선이었습니다. 그러나 시커먼 연기를 뿜으며 달리는 까맣고 커다란 증기기관차는 당시 사람들에게는 마치 '괴물'처럼 느껴졌어요. 이런 철마가 들어온다는 소식에 전국 각지의 유학을 공부하는 선비들이 격렬하게 반대했어요. 유학을 공부하는 선비들은 마을이나 지역에서 유명하고 영향력이 컸습니다. 특히 충청도 양반의 도시인 공주는 반발이 더 심했습니다. 이들의 반대에 부딪힌 일제는 천안에서 공주로 가는 노선 대신, 천안에서 조치원을 지나 대전으로 가도록 노선을 변경했어요. 그때만 해도 대전은 그냥 논밭만 있는 허허벌판이어서 철도를 건설하는 데 반발이 거의 없을 거라는 계산이었습니다.

호남선을 건설할 때도 이와 비슷한 일이 있었어요. 원래 호남선은

대전광역시
대한민국의 중앙부에 위치해있다. 경부선과 호남선 철도가 분기하고 주요 고속도로가 연결되는 교통의 중심지이며, 정부 대전 청사와 대덕 연구단지 등이 자리 잡고 있다.

전주를 통과할 예정이었는데, 전주 역시 유학을 공부하는 선비들의 반대가 아주 심했습니다. 그래서 이리(지금의 익산)로 방향을 틀었어요.

1904년 경부선 철도, 1914년에 호남선 철도가 개통되면서 철도역이 들어선 도시들은 하루아침에 인구가 모여들고 상업과 공업이 발전하는 도시로 크게 성장했어요. 반면 경부선과 호남선이 지나지 않던 공주와 강경은 도시가 점점 활기를 잃어버리게 되었습니다.

100여 년 전, 인구라고 해 봐야 고작 3,000명에 불과했던 대전이 급속하게 성장하기 시작한 것은 1905년 경부선이 대전역을 통과하기 시작한 때부터입니다. 1914년에는 호남선 철도까지 지나가게 되었어요. 이름도 없었던 대전이, 서울에서 영남 지역으로 가는 철도와 호남 지역으로 가는 철도가 갈라지는 지점에 위치하는 바람에 단번에 철도교통 중심지로 떠오르게 된 것입니다.

◐ **한빛탑** 대전세계박람회를 기념하여 만든 조형물로 대전엑스포과학공원의 상징탑이다.

철도를 통해 대전으로 전국의 인구와 화물이 몰려들었습니다. 상권과 경제가 집중되면서 인구가 폭발적으로 늘어났지요. 이에 힘입어 1917년 대전면 신설, 1932년 충남도청 이전, 1949년 대전시 승격, 1989년 직할시 승격, 1995년 광역시에 이르기까지 숨 가쁘게 성장해 왔습니다. 지금도 대전은 교통의 요지로서의 면모를 유감없이 발휘하고 있습니다.

유성관광특구와 대덕연구개발특구가 있는 유성구

옛날 옛날 백제시대에 어머니와 아들이 살고 있었어요. 전쟁에 나갔던 아들이 온몸에 상처를 입고 돌아왔습니다. 어머니는 아들을 치료하기 위해 백방으로 약을 구하러 돌아다녔어요. 그러던 어느 날 어머니는 이상한 광경을 목격했어요. 날개를 다친 학 한 마리가 뜨거운 물이 나오는 곳에 내려앉아 날개를 담그고는 바로 하늘로 날아오르는 것이었어요. 어머니는 그 물이 아들의 병도 치료해 줄 것이라고 믿었어요. 그래서 그 물을 떠다가 아들의 상처에 정성껏 발라 주었습니다. 그러자 아들의 온몸에 나 있던 상처가 기적처럼 깨끗이 나았어요. 이 이야기는 전국에 퍼져 유성 땅에서 솟아나는 뜨거운 물을 찾아오는 사람들이 끊이지 않았다고 합니다.

이 이야기의 주인공이 대전광역시 유성구에 있는 유성온천이에요. 유성온천은 1907년에 일본인이 처음 개발했습니다. 경부선과 호남선 철도가 대전을 지나가게 되면서 편리한 교통 덕분에 전국적인 온천관광지가 되었습니다. 1980년대까지만 해도 신혼여행지로 인기가 많았다고 해요. 유성온천은 1994년 유성관광특구로 지정되어 지금까지도

유성온천문화축제 대전광역시 유성구에서 온천을 주제로 하여 매년 5월 열리는 축제이다.

유성온천 족욕체험장
유성온천공원 내에 족욕체험장
이 있어 따뜻한 온천물에 발을
담그고 피로를 풀 수 있다.

수많은 관광객들을 맞이하고 있습니다. 유성온천에는 누구나 따뜻한 온천수에 발을 담그며 하루의 피로를 풀며 대화를 나눌 수 있는 족욕장이 있어요. 유성을 찾는 관광객과 대전 시민들로부터 사랑을 받고 있답니다.

유성 시내에는 이팝나무 가로수가 빼곡하게 심어져 있어요. 해마다 5월이면 하얀색 이팝나무 꽃이 거리를 가득 채운답니다. 하얀색 이팝나무 꽃들이 활짝 피면 마치 나무에 하얀 눈이 쌓인 것 같아요. 유성구에서는 매년 5월 이팝나무 꽃들이 필 때면 '5월의 눈꽃축제'를 열어요.

유성구는 1900년대 초부터 온천이 개발되어 온천관광지의 이미지가 강했어요. 그런데 1973년부터 대덕연구단지(현재는 대덕연구개발특구)가 조성되기 시작하면서 과학도시로 변모하게 됩니다. 대덕연구개발특구는 1973년에 '대덕연구단지'라는 이름으로 시작하여 2005

년에 '대덕연구개발특구'로 이름을 바꾸면서 거대한 과학연구단지로 조성되었습니다. 우리나라 과학기술의 요람이자 메카입니다. 이곳에는 정부출연 연구기관을 비롯해 공공기관과 크고 작은 일반 기업 및 벤처기업들이 1,400여 개나 입주해 있어요. 1978년 충남대를 비롯해 1989년 한국과학기술원(KAIST)이 이전했고, 현재는 10여 개의 대학이 밀집해 있는 교육도시이기도 하지요.

이밖에도 유성구 일대에는 국립중앙과학관, 엑스포과학공원, 조폐박물관, 대전시민천문대, 지질박물관 등 과학을 배우고 체험하면서 둘러 볼만한 곳이 아주 많아요. 또 달력의 끝자리가 4, 9인 날에 서는 유성장은 도심 속에 서는 전통장으로 유명해요. 도심 한가운데에 서는 전통장이지만 여느 전통장과 마찬가지로 산이며 들에서 직접 캐온 산나물에서부터 집에서 기르던 토종닭까지, 정겨움이 물씬 풍기는 시골장터를 경험할 수 있어요.

유성구는 1993년에는 대전엑스포를 성공리에 개최하였고, 2002년에는 월드컵경기장에서 멋지게 경기를 치러 내는 등 국제도시로서의 모습도 갖추었습니다.

대전 엑스포과학공원
과학을 주제로 한 공원으로 대전광역시 유성구 대덕연구단지 내에 있다. 1993년 개최된 대전세계박람회(엑스포)가 끝난 뒤 그 시설과 부지를 과학 교육의 장으로 활용하기 위하여 조성하였다.

유성장

유성구 장대동에 1916년 시작된 유성장은 4일과 9일에 열린다. 인근 지역 상인들이 장을 열어 하루 유동 인원이 1만여 명에 이른다.

● 유성장 주요 판매상품
쌀, 보리쌀, 콩, 팥, 조, 깨 등의 곡물과 채소 그리고 개, 염소, 토끼, 닭, 오리 등의 가축과 한약재가 주로 판매되고 있다.

대전의 현재와 미래

현재 대전은 인구가 약 154만으로 우리나라에서 서울, 부산, 인천, 대구 다음으로 인구가 많은 곳입니다. 그러나 대전은 역사가 그리 오래된 곳이 아닙니다. 1920년대까지만 해도 대전은 '회덕군 산내면 대전리'였어요. 아주 작은 마을에 불과했지요. 그러나 철도교통의 핵심 지역으로 성장하면서 빠르게 인구가 증가하여 짧은 기간에 큰 도시가 되었습니다. 1949년에 '대전시'가 되었고, 1989년에 '대전직할시'가 되었다가, 1995년에는 인구 100만이 넘는 광역시가 되었습니다. 이후 2005년에는 150만이 넘는 큰 도시로 성장했어요. 그러나 최근의 대전광역시는 성장이 정체되어 재도약할 수 있는 기회를 잡기 위해 노력하고 있습니다.

대전의 성장이 정체된 원인으로는 옛 도심의 인구 감소입니다. 대전광역시 중구와 동구 지역은 대전이 작은 농촌마을에서 대도시로 성장하는 데 핵심 역할을 한 곳입니다. 철도교통의 요지인 대전역이 있고, 1931년 공주에 있던 충청남도 도청도 이곳으로 이전해 한때 충청남도 전체를 대표하는 곳이었어요.

그런데 대전이 발전하면서 1997년 정부대전종합청사(통계청, 조달청을 비롯해 10개의 정부기관이 이전)가 대전광역시 서구 둔산동에 둥지를 틀고, 대전광역시청을 비롯해 대전고등법원, 대전지방검찰청, 특허법원 등 관공서와 각종 은행들이 모두 새로운 도심에 몰리게 되었어요. 뿐만 아니라 각종 쇼핑센터와 학원들도 모두 새로운 도심으로 몰렸어요.

그러자 옛 도심 지역은 오래된 건물들만 남고 사람들의 발길이 뜸

옛 충남도청
옛 관공서 건축 양식을 알려주는 중요한 건물이며, 시대에 따라 다른 용도로 사용된 근현대사의 현장이기도 하다.

해졌어요. 거기에다 2012년 말에는 옛 도심에 있던 충청남도 도청이 충청남도 홍성군에 새롭게 조성된 내포신도시로 이전을 해 버려 더더욱 사람들의 발길이 뜸한 곳이 되었습니다. 옛 충남도청은 등록문화재 제18호, 1920~30년대의 관광서 건축 양식을 설명해 주는 중요한 건물이에요. 일제강점기에는 도청으로, 해방 후에는 미군정청 건물로, 한국전쟁 당시에는 임시 중앙청, 육군본부 등으로 사용되기도 했습니다. 전 노무현 대통령의 이야기를 그린 영화 '변호인'의 촬영지로도 사용되었지요. 현재는 대전시민대학으로 이용되고 있어요.

밤이 되면 서쪽의 새로운 도심 쪽은 불이 환하게 켜 있어 마치 대낮처럼 밝은데, 옛 도심 쪽의 불빛은 희미하기만 합니다. 거기에다 대전 바로 옆에 있는 세종특별자치시가 자리를 잡아감에 따라 대전광역시의 인구감소를 부채질 하고 있는 상황입니다.

대전광역시는 철도교통의 요지이자 우리나라 과학기술의 요람이자 국제과학비즈니스벨트의 거점도시이고, 중앙정부의 행정기능을 나누어 수행하는 곳입니다. 대전의 발전이 지금은 잠시 주춤하고 있지만 지리적인 특성과 대전이 가지고 있는 다양한 자원들이 바탕이 되어 미래에는 더욱 발전하는 곳이 될 것입니다.

대전 구도심은 어떻게 변화하고 있나요?

대전시 중구와 동구 일대는 한 때 대전의 중심가였어요. 도시의 행정을 총괄하는 대전광역시청과 충청남도를 총괄하는 충남도청이 자리잡고 있어 언제나 사람들로 북적이는 대전에서 가장 활기찬 곳이었어요. 그러나 1980년대 중반 이후 대전의 서부 지역인 둔산이 개발되기 시작하면서 사람들이 서부로 몰리기 시작했어요. 구도심에 자리잡고 있던 공공기관 및 상업시설들과 함께 인구가 차츰 빠져나가면서 점점 쇠락해 가고 있습니다.

구도심 지역을 되살리기 위해 일부 주민들과 상인들이 중심이 되어 여러 가지 방면으로 노력을 하고 있습니다. 그중 대흥동은 문화의 거리로 거듭나고 있어요. 사람들이 떠나간 빈 건물들은 가난한 예술가들의 새 보금자리가 되었어요. 젊은 예술가들이 모여들면서 대흥동은 다시 활기를 띠고 있어요. 오래된 골목 곳곳에 있는 소극장, 갤러리에서는 매일 공연과 전시가 이어지고 있어요. 건물 외벽에 그려진 재밌는 벽화들, 오래 되어 낡고 색이 바랜 간판과 주택들이 예쁘고 세련된 도시 풍경과 함께 어우러져 무궁무진한 볼거리를 만들고 있어요.

대전광역시 남부

5 멋과 맛이 함께 하는 예술의 고장 호남지방

함께 가 볼까요

호남지방은 '호수의 남쪽지방'이라는 뜻입니다. 여기서 호수는 충청남도와 전라북도의 경계가 되는 금강을 가리키기도 하고, 전라북도 김제에 있는 벽골제를 가리키기도 해요. 호남지방은 전라북도와 전라남도, 광주광역시를 포함하는 지역입니다. 전라도라는 말은 고려 현종 때 처음 생겼는데, 전주의 전(全)자와 나주의 나(羅)자를 딴 것입니다.

호남지방은 북으로는 금강을 경계로 충청지방과 맞닿아 있고, 동으로는 소백산맥을 경계로 영남지방과 인접해 있어요. 동쪽으로 갈수록 소백산맥 줄기의 덕유산과 지리산 같은 높은 산들이 나타나며, 서쪽과 남쪽은 넓은 평야가 발달되어 있습니다. 호남지방은 수심이 얕고 해안선이 복잡한 황해와 남해를 끼고 있어요. 황해와 남해는 밀물과 썰물 때 수위의 차가 매우 크기 때문에 갯벌이 잘 발달되어 있지요. 그래서 연안 어업과 수산 양식업이 발달했습니다. 이처럼 호남지방은 넓은 평야가 있어서 벼농사가 잘 되었고, 해안에서는 수산물이 풍부해 사람들이 먹고 살기 넉넉한 곳이었습니다. 그래서 산업화 이전까지는 우리나라에서 인구가 가장 많았어요. 호남선, 전라선, 군산선 등의 철도가 있으며 호남 고속도로, 남해 고속도로, 88올림픽 고속도로 등을 통해 전국 구석구석까지 이동하기 쉬워서 다른 지방과의 교류가 계속 활발해지고 있습니다. 그 외 호남지방에는 내장사, 금산사, 선운사, 송광사, 화엄사 등의 역사 깊은 절이 많으며, 판소리가 크게 발전한 곳입니다.최근에는 군산, 여수, 광양 등지에 대규모 공업이 발달하여 지역 발전을 이끌고 있습니다.

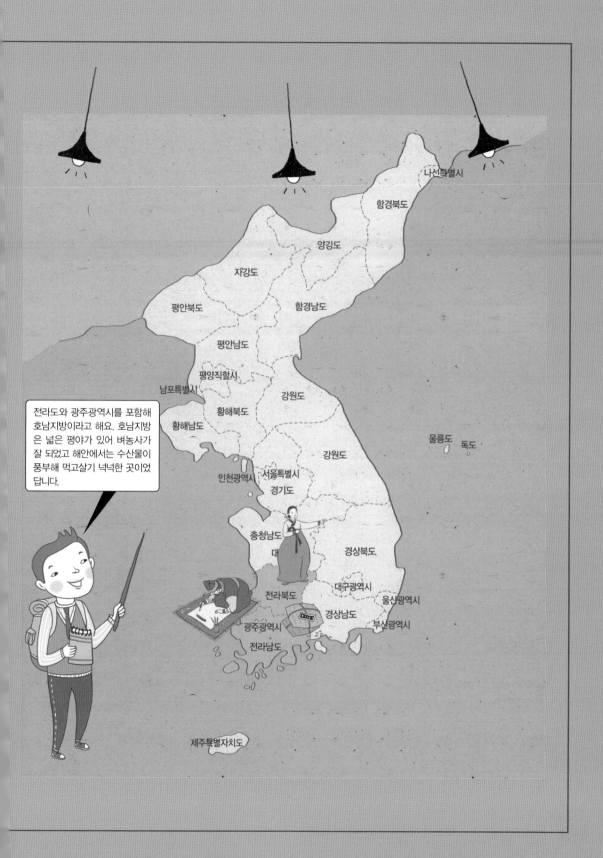

전라도와 광주광역시를 포함해
호남지방이라고 해요. 호남지방
은 넓은 평야가 있어 벼농사가
잘 되었고 해안에서는 수산물이
풍부해 먹고살기 넉넉한 곳이었
답니다.

나선특별시

함경북도

양강도

자강도

평안북도

함경남도

평안남도

평양직할시

남포특별시

강원도

황해북도

황해남도

강원도

울릉도

독도

인천광역시

서울특별시

경기도

충청남도

대

경상북도

대구광역시

전라북도

울산광역시

경상남도

부산광역시

광주광역시

전라남도

제주특별자치도

1 우리나라 최대의 벼농사 지대

호남지방의 전라북도에는 우리나라의 평야 중에서 가장 넓다는 호남평야가 있습니다. 동진강과 만경강을 끼고 발달한 호남평야 지역은 옛날부터 간척을 많이 했고, 지금도 새만금이라는 대규모 간척지를 조성하고 있습니다. 호남지방의 전라남도에도 영산강을 끼고 드넓은 나주평야가 있어요. 그래서 호남지방은 우리나라의 곡식 창고라고 불립니다. 호남지방에는 한 해 수확하는 쌀이 천 석, 만 석이나 되는 사람이 수두룩했다고 해요. 이곳은 예로부터 농업이 중심이 된 지역이라 수도권과 영남지방에 비해 공업 발달이 더디게 나타났어요. 그래서 공업이 발달하여 일자리가 많은 수도권과 영남지방으로 많은 인구가 이동하는 바람에 전체적으로 인구가 정체하거나 감소하고 있습니다. 더구나 고령 인구가 많아 지역 발전을 더디게 하고 있지요.

- 호남지방은 전라북도와 전라남도, 광주광역시를 포함하는 지역으로 북으로는 금강을 경계로 충청 지방과 맞닿아 있고, 동으로는 소백산맥을 경계 영남 지방과 인접해 있다. 동쪽으로 는 덕유산과 지리산 같은 높은 산들이 있고, 서쪽과 남쪽은 넓은 평야가 발달되어 있으며 수심이 얕고 해안선이 복잡한 황해와 남해를 끼고 있다.

- 넓은 평야가 있어서 벼농사가 잘 되었고, 해안에서는 수산물이 풍부하여 사람들이 먹고 살기 넉넉한 곳이었으므로 산업화 이전까지는 우리나라에서 인구가 가장 많은 곳이었다.

- 호남지방은 판소리의 고향이다. 판소리는 그 독창성과 우수성을 세계적으로 인정받아 2003년 유네스코 세계 무형 유산으로 등재되었다.

전라도라는 지명은 전라북도의 전주와 전라남도의 나주의 머리글자를 따서 만든 거예요. 전라도는 우리나라 최대의 곡창지대로 가장 많은 쌀을 생산하고 있어요. 서해안 시대를 맞아 공업도 점차 발달하고 있어요.

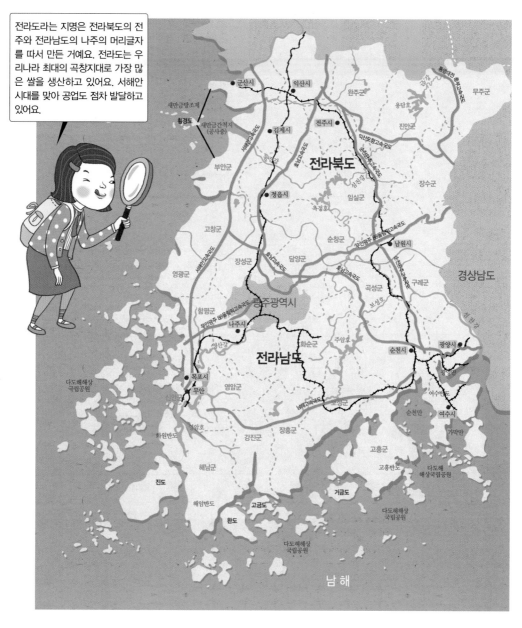

기름진 농토를 품은 평야

우리나라는 국토의 약 70%가 산지이기 때문에 어디에서건 눈앞에 산이 보이지 않는 곳이 드뭅니다. 그런데 전라북도 김제의 호남평야에서는 사방 눈앞에 산이 보이지 않습니다. 들판 한가운데 서면 하늘과 땅이 맞닿아 있는 것을 볼 수 있습니다. 호남지방은 우리나라에서 유일하게 지평선을 볼 수 있는 곳이지요. 김제 사람들은 호남평야를 '징게맹갱 외에밋들'이라고 부릅니다. '징게맹갱'은 김제와 만경, '외에밋들'은 넓은 들, 즉 평야를 말합니다. 김제와 만경의 넓은 들에서는 예로부터 벼농사가 행해져 왔고, 지금도 벼농사가 이루어지고 있습니다. 삼국시대의 벽골제도 벼농사를 짓기 위한 물을 저장해 두는 곳이었습니다.

옛날에는 농토가 많은 사람이 부자였습니다. 넓고 기름진 농토에서 일 년에 천 석을 거두어들이면 천석꾼, 만 석을 거두어들이면 만석꾼이라고 불렀어요. 천석꾼과 만석꾼이 가장 많았던 곳이 바로 호남평야 지역입니다. 동진강과 만경강이 흐르면서 만들어 놓은 드넓은 호남평야와 영산강 유역의 나주평야 등 대표적인 곡창지대를 따라 천석꾼과 만석꾼이 나왔던 거예요.

호남지방은 우리나라에서 벼농사가 가장 활발한 지역입니다. 1차 산업 종사자 수가 전국 평균의 3배 가까이 높아요. 국토 면적의 약 20%를 차지하고 있지만 전국 농경지의 약 30% 이상이 이곳에 집중되어 있습니다.

이 일대가 거대한 벼농사지대가 된 것은 일제강점기부터입니다. 벼농사에 필요한 물을 이용할 수 있는 시설을 늘리고 넓히는 한편, 간척

영산강 나주평야 하천의 토사가 퇴적되어 형성된 충적평야로 전라남도 나주시를 중심으로 하여 영산강 일대에 넓게 펼쳐져 있다.

사업도 활발하게 진행되었어요. 1915년 진봉방조제, 1923년 동진방조제(지금의 광활방조제)를 건설하여 새로운 농경지와 취락을 만들었습니다. 특히 일제는 쌀 생산을 늘리기 위해 1925년 동진수리조합을 만들고 물 자원을 체계적으로 관리했어요. 그러면서 죽산면의 하시모토 농장, 김제읍의 이시카와 농장 등과 같은 일본인이 주인인 농장이 등장하게 되었습니다. 소작농이었던 우리나라 사람들의 노동력을 착취하여 쌀을 더 많이 생산하게 했지요. 일제의 강제 수탈은 김제의 평야를 무대로 한 조정래의 대하소설 '아리랑'에 잘 드러나 있어요.

김제시의 백제시대 명칭은 벽골이었습니다. 이곳에 만들어진 저수지 벽골제는 이 지역이 예로부터 벼농사의 고장이었음을 말해 줍니다. 김제의 벽골제는 약 330년경에 만들어졌어요. 김제의 벽골제는 저수지를 둘러싸고 있던 제방과 저수지의 물을 농토로 흘려보내는 문이었던 수문이 모두 5개가 있었습니다. 신증동국여지승람에 의하면 수여거, 장생거, 중심거, 경장거, 유통거의 총 5개의 수문이 있었다고 전해지고 있어요.

그러나 일제강점기에 제방의 한 가운데를 파서 수로를 만들면서 제방은 둘로 갈라졌고, 수문도 사라지게 되었어요. 그중 현재 일부 제방과 함께 장생거와 경장거 두 개만 남아 있어요. 벽골제 수문 체험장에 가면 벽골제 수문을 열고 닫으며 체험해 볼 수 있도록 모형으로 제작해 놓은 것이 있어요. 양쪽 제방 위에 올라 동시에 물레를 돌리면 수문이 열립니다.

벼농사를 짓기 위해서는 물이 절대적으로 필요합니다. 그래서 농업이 기반이었던 사회에서는 물을 잘 다스리는 것이 지도자의 역할 중

벽골제 수문
벽골제에는 저수지의 물을 농토로
흘려보내는 수문이 5개 있었는데,
현재 2개만 남아 있다.

에서 매우 중요했어요. 벽골제는 제방을 쌓는 데에만 연간 32만여 명이 동원되었을 것으로 여겨집니다. 2014년 12월 현재 김제시의 인구가 약 9만 명 정도라는 것을 생각한다면 벽골제를 쌓는 일이 얼마나 큰 사업이었을지 짐작이 갈 것입니다.

벽골제 제방에 올라서면 그 옛날 어디까지가 저수지였는지 알 길이 없어요. 지금은 모두 농경지로 변해 버렸기 때문입니다. 거대한 저수지의 모습을 볼 수는 없지만 벽골제 수문 체험장에서 체험도 하고 농경문화박물관에 들러 옛 농경문화를 엿보는 기회를 가질 수 있습니다. 이 넓은 평야의 핵심 지역인 김제시는 해마다 호남지방 농경문화의 역사성을 담아낸 지평선축제를 열고 있습니다.

쌀은 우리 민족의 생활에서 절대 빼놓을 수 없는 귀중한 식량이에

김제 농경문화박물관
벽골제의 역사적 의의 및 발굴 경과, 김제의 농경문화를 보여주는 박물관이다.

요. 그래서 우리나라 농경지 중 절반 이상에서 벼를 재배하지요. 그런데 요즘 들어 쌀을 재배하는 경지 면적이 점점 줄어들고 있다고 해요. 농촌을 떠나는 사람들이 점점 많아지고 쌀농사만 지어서는 생활을 유지하기가 어렵기 때문이지요. 그래서 농민들은 쌀농사를 줄이고 과일, 채소 같은 밭작물의 재배를 더 늘려 나갔어요. 벼농사를 짓기에 조건이 좋은 평야인데도 불구하고 논이 사라지고 밭으로 바뀌고 있는 것이지요.

우리나라는 20년간의 쌀 시장 개방 유예기간을 거쳐 2015년에 쌀 시장을 전면 개방했어요. 2015년 이후 우리나라가 수입하는 쌀은 513%의 관세가 붙어서 들어옵니다. 그러나 세계무역기구에서 20년 동안 쌀 시장 개방을 늦춰 준 대신 우리나라 쌀 수요의 약 9%(약 41만 톤)에 해당하는 양은 의무적으로 수입해야 한다는 조건이 있었어요. 의무적으로 수입하는 쌀에는 관세가 5%밖에 붙지 않습니다. 이 의무 수입량은 쌀 시장을 전면 개방한 이후에도 똑 같이 적용되고 있어요.

대외적으로는 500%가 넘는 쌀 관세를 낮추려는 의도들이 드러나

고 있고, 국내적으로는 1인당 쌀 소비량이 자꾸 줄어들고 있어요. 쌀
농사를 포기하는 농민들도 점점 늘고 있습니다. 이러다가 우리의 주
식인 쌀을 다른 나라에 의존해야 하는 상황이 발생할지도 모르겠어
요. '그냥 사 먹으면 그만이지' 하는 생각은 무척 위험합니다. 때에 따
라서는 돈을 들고도 외국쌀을 살 수 없는 상황이 생길 수도 있고, 쌀을
사기 위해 다른 것을 포기해야 하는 상황이 발생할 수도 있어요.

김제 지평선축제
지평선으로 이어진 넓은 평야를 배
경으로 펼쳐지는 축제로 다양한 농
경문화를 체험할 수 있다.

풍요로운 예술의 고장

호남지방은 기후가 온화하고 넓은 평야가 펼쳐져 있을 뿐만 아니라 땅이 기름지기 때문에 농업 생산물이 풍부합니다. 거기에다 많은 섬과 구불구불한 긴 해안선, 넓은 갯벌이 있는 황해와 남해를 끼고 있어 해산물도 풍부합니다. 현재 전라남도는 전국 어민의 1/3 정도가 거주하고 있으며, 어선의 42%가 전라남도에 있습니다. 바다에서 물고기나 조개, 김, 미역 등을 인공적으로 기르는 해수면 양식의 60% 정도가 전라남도에서 행해지고 있어요. 특히 해조류 생산은 전국 생산의 85% 정도를 차지하고 있습니다.

호남지방에는 소백산맥과 노령산맥이 남서쪽으로 뻗어 있어서 동쪽은 높고 서쪽은 낮은 지형을 이루고 있어요. 백운산, 덕유산, 운장산, 내장산 등 이름난 산이 많기 때문에 예로부터 내로라하는 시인들과 글 쓰는 사람들이 빼어난 경치를 많이 칭송하였습니다. 육십령과 팔량치 등과 같은 고개는 영남지방으로 가는 중요한 교통로의 역할을

덕유산
전라북도 무주·장수와 경상남도 거창·함양에 걸쳐 있는 산으로 소백산맥의 중심부에 솟아 있다. 덕이 많고 너그러운 산이라는 의미를 가지고 있는 덕유산은 웅장한 산세와 계곡, 울창한 삼림이 어울려 경관이 뛰어나다.

했으며, 지금도 이곳은 여전히 차량의 통행이 많은 곳입니다.

이처럼 호남지방은 들과 바다와 산이 어우러진 빼어난 자연환경과 그로부터 나오는 생산물들이 풍부합니다. 그래서 다른 고장에 비해 예술이 잘 발달할 수 있는 조건을 갖추고 있었어요. 원래 배가 든든해야 다른 데에도 관심이 생기는 법이거든요. 먹고 살기가 바쁘고 힘든 상황에서는 예술을 살필 겨를이 없을 거예요.

호남지방은 들과 바다와 산에서 나오는 다양한 생산물들이 있어 호남지방 사람들은 다른 지방 사람들에 비해 넉넉하게 살 수 있었어요. 그래서 예술이 잘 발달할 수 있었던 것이지요. 민요, 판소리, 글씨와 그림 등이 발달했는데, 마을마다 소리꾼이 있었고, 한 집 건너마다 그림 그리는 이가 있었다고 합니다. 그래서 호남지방을 '문화와 예술의 중심이 되는 고장' 즉, 예향(藝鄕)이라고 부르나 봅니다.

모를 심고, 김을 매고, 벼를 베고, 타작하는 벼농사의 모든 과정은 혼자만의 힘으로 되는 것이 아니라 마을 사람들이 협동해야 했습니다.

향적봉
구름이 덕유산 최고봉인 향적봉(1,614m) 봉우리에 걸려 지나가지 못하고 있다.

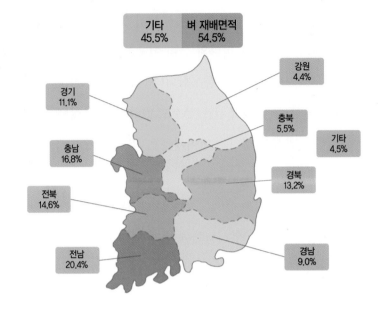

도별 벼 재배 면적과 쌀 생산량 추이

벼의 재배 면적은 줄어들고 있지만 품종개량, 재배 기술의 발달 등으로 쌀 생산량은 크게 줄어들지 않고 있다.

| 기타 45.5% | 벼 재배면적 54.5% |

강원 4.4%

경기 11.1%

충북 5.5%

기타 4.5%

충남 16.8%

경북 13.2%

전북 14.6%

전남 20.4%

경남 9.0%

함께 일 하는 과정에서 호흡을 맞추며 부른 노래가 남도 민요입니다. 남도 민요는 전라도, 경상도, 충청도의 일부 지역에서 불리는 민요들을 모두 아우르는 말이었는데, 좁은 의미로는 호남지방의 민요만을 가리키기도 합니다. 남도 민요는 여유 있고 넉넉하게 노래하는 방법이 특징입니다. 노랫말도 사투리만큼이나 구수한 표현이 많아서 농촌의 푸짐한 인심이 저절로 느껴집니다.

호남지방은 유네스코 세계 문화유산으로 등재된 판소리의 고향입니다. 판소리는 한 사람의 소리꾼이 고수의 장단에 맞추어 창(소리), 말(아니리), 몸짓(너름새) 등을 섞어서 이야기를 진행하는 1인 오페라라고 할 수 있습니다. 판소리는 지역별로 다른 특성이 나타납니다. 호남지방을 중심으로 동북 지역의 판소리를 동편제, 서남 지역의 판소리를 서편제, 경기도와 충청도의 판소리를 중고제라고 해요. 동편제는 굵고 웅장하며, 서편제는 가볍고 정교한 것이 특징입니다. 판소리는 그 독창성과 우수성을 세계적으로 인정받아 2003년 유네스코 세계 무형 유산으로 등재되었습니다.

판소리의 중심지인 호남지방에서는 판소리의 전통을 계승, 발전시키기 위해서 판소리 박물관을 건립했으며, 각종 경연대회와 축제를 열고 있어요. 호남지방에는 크고 작은 판소리 대회가 10여 개에 이르고, 민속 국악원 등의 문화 보급 시설도 전국에서 가장 많이 분포하고 있습니다.

이밖에도 호남지방에는 강강술래, 고싸움, 농악 등 다양한 민속 문화가 전승되고 있어요. 이와 더불어 전주의 한지와 부채, 담양의 죽세공품, 운봉의 목기와 같은 전통 공예 산업도 발달했습니다. 풍부한 생산물을 바탕으로 전주의 비빔밥, 영광의 굴비 정식, 부안의 백합죽 등과 같은 음식 문화도 발달했어요.

호남지방에서는 이와 같은 전통 문화를 계승, 발전시키고 지역 경

판소리(중요무형문화재 제5호)
소리꾼이 고수의 북 장단에 맞추어 소리(창. 노래)와 말로 이야기를 이어나가는 것이다. 우리나라 고유의 전통 음악으로 유네스코 인류무형문화유산에 등재되었다.

강진 청자축제
고려청자의 우수성을 알리고
청자 문화의 맥을 잇기 위해
1996년부터 열린 축제다. 대한
민국 최우수 축제로 선정되기
도 했다.

제를 살리기 위해 전주 대사습놀이, 남원 춘향제, 고창 판소리축제, 강진 청자축제, 전주세계소리 축제 등 다양한 전통문화 관련 축제와 경연대회들을 개최하고 있습니다. 이러한 행사들은 이 지방의 예술과 문화적 전통을 계승하는 데 이바지할 뿐만 아니라, 지역 경제의 발전에도 큰 도움이 되고 있답니다.

잔칫집에 홍어가 빠지면 섭섭하다

호남지방은 기름진 평야에서 나는 곡식이 풍부하고 바다에서 나는 각종 해산물, 산에서 나는 각종 산채 등 생산물이 다양합니다. 그러다 보니 이를 재료로 만드는 음식의 종류 또한 다양해요. 호남지방의 상차림은 맛도 으뜸이지만 음식의 가짓수도 우리나라에서 최고입니다. 처음 본 사람은 상 위에 가득 차려진 음식을 보고 깜짝 놀라 먹기도 전에 배가 부를 지경입니다.

호남지방의 그 많은 종류의 음식 중 잔치나 장례식, 제사와 같은 중요한 행사가 있을 때 절대 빠지지 않는 음식이 있어요. 바로 삭힌 홍어입니다. 밥상 다리가 휘어질 정도로 음식을 차렸지만 정작 삭힌 홍어가 빠졌다면 잘 차린 상이라고 칭찬받기 어렵지요. 삭힌 홍어의 냄새는 워낙 특이해서 아주 멀리서도 맡을 수 있을 정도로 강렬합니다. 삭힌 홍어의 냄새를 맡은 어떤 사람은 '화장실 냄새가 난다.'고 해요. 홍어가 이 소리를 들었으면 썩 유쾌하지는 않았을 것 같지만, 사실 삭힌 홍어에서는 화장실에서 나는 냄새의 주범인 암모니아 냄새가 강하게 납니다. 홍어의 몸속에는 오줌을 이루고 있는 성분과 같은 요소가 많은데요. 삭히는 과정에서 요소가 암모니아로 변하면서 특유의 냄새가 나는 거랍니다. 그래서 비위가 약한 사람은 잘 먹지 못합니다. 일본의 여행 정보 사이트인 '트립 어드바이저 재팬'에서는 세계적으로 특별히 맛있는 음식 중에서 악취가 가장 심한 음식의 순위를 정했는데요. 스웨덴의 '슈르 스트레밍' 다음으로 삭힌 홍어가 꼽혔어요. 삭힌 홍어는 냄새가 심하기는 하지만 한 번 맛을 알면 빠져나오기 힘든 마력을 가지고 있어요.

홍어를 삭혀 먹게 된 것은 우연이었어요. 냉장시설이 없던 옛날에는 홍어가 주로 잡히는 흑산도에서 전라남도 나주의 영산포까지 뱃길을 이용해 홍어를 운반했어요. 오랫동안 먼 길을 이동하다 보니 홍어의 싱싱함은 사라지고 자연스럽게 삭혀져 있었어요. 뱃사람들은 애써 잡은 홍어가 상한 것이 안까워서 버릴 수 없었어요. 그래서 맛을 보

홍어삼합 삭힌 홍어, 삶은 돼지고기, 묵은 김치를 함께 먹는 것을 말한다.

았는데, 냄새는 지독하지만 독특한 맛이 있다는 것을 알았어요. 더군다나 먹어도 몸에 이상이 전혀 없다는 것을 알고 그때부터는 일부러 삭혀서 먹게 되었지요. 삭힌 홍어는 실제로 변비를 예방해 주고 감기나 위염에도 효과가 있다고 합니다.

삭힌 홍어는 찜이나 회로 먹기도 하지만 가장 보편적인 방법은 돼지고기 수육과 묵은 김치를 함께 곁들여 먹는 것입니다. 이를 '홍어삼합'이라 불러요. 여기에 막걸리를 곁들이면 '홍탁삼합'이 됩니다. 예로부터 우리나라 사람들은 '3'이라는 숫자를 좋아했어요. 그래서 세 가지 음식이 조화를 이루는 '삼합'(三

⊙ 홍어
가오리과에 속하는 바닷물고기로 삭힌 홍어는 전라도 지방의 특산물이자 대표 음식이다.

合)은 최고 상태의 조합을 뜻합니다. 전라남도 장흥군에는 키조개와 한우 쇠고기, 표고버섯으로 삼합을 이루어 '장흥삼합'을 탄생시켰고, 경상남도 거제도에서는 조개, 죽순, 삼겹살을 함께 먹는 '조죽삼'을 만들었어요. 울산광역시에서는 언양의 육회에 바다에서 잡히는 개불과 배를 곁들여 먹는 '울산삼합'이 있어요. 이밖에도 지역마다 특산물을 내세운 삼합 요리들이 많이 있습니다.

서해안 시대를 주도할 호남권

호남지방의 면적은 남한의 22% 정도를 차지하지만, 지역내 총생산 비중은 국내 총생산의 10% 정도에 불과해요. 지역내 총생산이란 일정 기간 동안 한 지역에서 생산된 상품과 서비스의 가치를 시장가격으로 나타낸 것입니다. 지역내 총생산이 많다는 것은 그 지역이 돈을 많이 벌었다는 뜻이고, 지역내 총생산이 적다는 것은 돈을 조금밖에 못 벌었다는 뜻입니다. 호남지방의 지역내 총생산 비중이 낮은 것은 제조업을 포함한 2차 산업의 발달이 미약하고, 1차 산업의 비중이 높기 때문입니다.

농업이 중심이었던 호남지방은 1970년대에 변화하기 시작했어요. 1973년 마산에 이어 두 번째로 전라북도 이리 지역에 수출자유지역(1995년 이리시와 익산군이 통합되어 익산시가 되었어요.)이 조성되었고, 전라남도 여수 일대에 석유화학산업단지가 조성되면서 공업화가 시작되었습니다. 그 후 1980년대 광양만을 중심으로 제철 공업을 비롯한 연관 산업이 입지하여 중화학 공업 단지가 조성되었으며, 1990년대 이후에는 중국과의 무역을 확대하기 위해 대불 산업 단지, 군산 산업 단지 등이 건설되었습니다.

서해안 시대를 대비하여 군산은 새만금 간척지와 함께 새만금 군산 경제 자유 구역으로 지정되어 동북아시아의 미래형 신산업과 관광 레저의 핵심축으로 개발되고 있습니다. 또한 영암의 대불 산업 단지, 여수의 석유 화학 산업 단지, 광양의 제철 산업 단지 등이 지역 경제에 활력을 불어넣고 있습니다.

어떤 지역에 공장이 들어서면 공장에서 일하고자 하는 사람들이 몰려들고, 그렇게 몰려든 사람들을 대상으로 하는 음식점, 옷집, 미용실, 편의점 등이 생기면서 더욱 인구가 늘어나는 것이 보통입니다. 그러나 호남지방은 오히려 그 반대의 현상이 나타났어요.

1970년대까지 호남지방의 인구는 전국 인구의 약 20%를 차지하고 있었어요. 그런데 2012년에는 10% 정도로 낮아졌습니다. 공업화 이후에 인구가 늘기는커녕 오히려 줄어들었습니다. 호남지방은 수도권이나 영남 지방에 비해 공업화가 다소 더디게 진행되었습니다. 그러다 보니 이 지역 사람들이 더 나은 일자리를 얻기 위해 수도권과 영남권으로 대거 이동하게 된 것입니다. 그리고 최근에는 과밀해진 수도권 지역의 대안으로 충청지방이 떠오르면서 충청권으로 이동하는 경향이 나타나고 있습니다.

더 나은 일자리를 위해 호남지방을 떠나는 사람들은 대부분 한창

새만금방조제
새만금은 전라북도 군산시와 고군산 군도, 부안군을 연결하는 길이 33.9km의 방조제를 쌓아 만든 간척지다. 간척지는 농업, 생태 환경, 공업, 관광·레저, 과학 연구, 신·재생 에너지, 도시, 생태·환경 용지 등으로 활용될 계획이다.

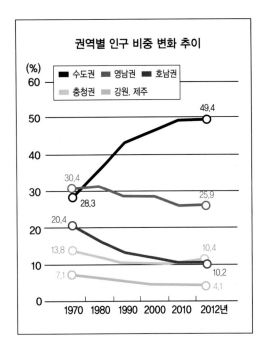

권역별 인구 비중 변화 추이

일할 나이의 사람들이에요. 그러다 보니 호남지방은 60세 이상의 고령 인구 비율이 전국 평균에 비해 높게 나타나고 있습니다.

1992년 중국과 정식으로 외교 관계를 맺으면서 교역이 빠르게 늘었어요. 그래서 중국과 지리적으로 가까운 서해안의 중요성이 새롭게 인식되기 시작했습니다. 한중 수교 이후 교역이 빠르게 늘면서 지리적으로 가까운 서해안의 중요성이 새롭게 인식되기 시작한 것이지요. 이렇듯 서해안을 중심으로 새로운 도약의 계기를 만든다는 뜻의 '서해안 시대'를 이끌어 갈 핵심 지역이 호남지방입니다. 지금까지는 수도권이나 영남권에 비해 발전이 늦었지만 서해안 시대를 주도하면서 우리 국토의 새로운 장을 펼쳐 나갈 주인공 역할을 할 것으로 기대되고있습니다.

우리나라가 쌀농사를 포기하면 안 되는 이유는 무엇일까요?

'진흙 쿠키'를 아시나요? 카리브 해에 있는 아이티라는 나라에서 이 진흙 쿠키를 먹어서 화제가 된 적이 있었어요. 먹을 것이 없어서 진흙으로 쿠키를 만들어 햇볕에 빠짝 말려서 먹는 것입니다. 아이티는 30년 전만 해도 쌀을 수출하던 나라였어요. 그런데 아이티 정부가 쌀농사를 포기하고 대신 쌀과 옥수수를 수입하는 정책을 폈지요. 싸기만 하던 쌀과 옥수수 가격은 불과 몇 십 년 만에 크게 올랐어요. 결국 굶주림에 시달리던 국민들은 진흙으로 만든 쿠키를 먹어야 할 지경이 되었던 것입니다.

우리나라는 자동차와 반도체, 휴대 전화 등을 잘 만드는 것으로 세계적으로 유명한 나라입니다. 우리나라가 잘 만들고 세계가 알아주는 이런 제품들을 많이 만들어 수출하고, 그래서 번 돈으로 우리나라에서 생산하는 것보다 값이 훨씬 싼 외국 농산물을 사 먹는 것이 이익이라고 생각하고 있지는 않나요? 세계는 지금 심각한 식량 위기에 직면해 있습니다. 지금 당장 값이 싸다고 외국산 농산물을 쉽게 사고 우리 땅에서 자란 우리 농산물을 외면한다면 아이티와 같은 비극이 우리나라를 덮치는 건 시간문제입니다.

벼

2 황해와 남해를 품은 전라남도

전라남도는 다도해라고 불리는 아름다운 리아스식 해안을 끼고 있어 해산물이 풍부하고, 나주평야를 비롯한 넓은 평야를 끼고 있어 쌀 생산량도 많은 곳입니다. 예로부터 쌀을 비롯한 식재료가 풍부한 곳이어서 맛의 고장으로도 명성이 높지요. 석유 화학 단지가 있는 여수와 제철소가 있는 광양이 가장 산업이 발달한 곳이며, 영암에도 대불산업단지가 있습니다. 전통적으로 농업이 중심이 된 곳이기 때문에 인구가 지속적으로 줄어들고 노령화되는 속도가 다른 시도에 비해 매우 빠른 것이 안타깝지만, 걸쭉한 남도 사투리와 함께 아름다운 전통 문화를 간직한 우리나라의 숨겨진 보물창고 같은 곳입니다.

- 전라남도는 리아스식 해안을 끼고 있어 해산물이 풍부하고, 넓은 평야를 끼고 있어 쌀 생산량도 많다.
- 영산강의 상류 지역인 장성, 나주, 담양, 광주에 4개의 댐을 건설해 영산강의 수량을 조절했고, 1981년에는 영산강에 하구둑을 건설하여 홍수와 가뭄에 대비했다.
- 목포는 1897년 일제에 의해 강제 개항된 이래 식민 활동의 터전이 되는 중요한 도시로 이용되면서 빠르게 성장했고 전라남도에서 가장 먼저 새로운 문물이 퍼진 곳이다.
- 여수는 부산을 비롯해 남해의 여러 섬들을 이어 주는 바다 위 교통의 핵심이 되는 곳이다.

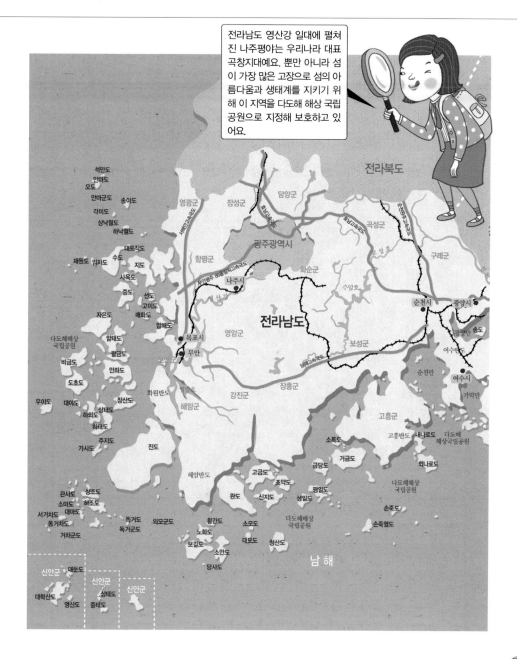

전라남도 영산강 일대에 펼쳐진 나주평야는 우리나라 대표 곡창지대예요. 뿐만 아니라 섬이 가장 많은 고장으로 섬의 아름다움과 생태계를 지키기 위해 이 지역을 다도해 해상 국립공원으로 지정해 보호하고 있어요.

전라남도의 젖줄 영산강

전라남도 나주와 무안, 영암 일대는 불과 몇 십 년 전까지만 해도 장마가 왔다 하면 홍수 피해를 입던 지역이었습니다. 오죽했으면 '큰애기 오줌만 싸도 영산강 물이 넘친다.'는 말이 생겼을까요. 영산강은 전라북도 담양의 용소에서 발원해서 담양, 광주, 나주, 영암을 지나 황해로 흘러요. 나주평야의 한 가운데를 흐르면서 광주천, 황룡강, 함평천 등의 지류들과 만납니다.

황해로 흘러드는 영산강은 밀물일 때 바닷물이 영산강을 따라 올라오는 감조하천입니다. 바닷물이 나주 부근까지 올라와 주변의 농경지에 짠 바닷물이 들어가 농작물이 말라 죽는 염해가 자주 발생했어요. 또 하천 바닥에 토사가 많이 쌓여 있기 때문에 매년 범람이 일어나고 주변 지역이 침수되는 일이 반복되었던 것입니다.

그래서 영산강의 상류 지역인 장성, 나주, 담양, 광주에 4개의 댐을 건설해서 영산강의 수량을 조절했어요. 그리고 1981년에는 영산강에 하구둑을 건설했습니다. 하구둑이 밀물 때 올라오던 바닷물을 막아 주고 상류의 댐들이 홍수 때 물을 가두어 두는 역할을 하니 영산강 주변의 농경지는 가뭄과 홍수를 모르는 지역으로 바뀌었어요. 영산강 주변의 평야 지역에서는 쌀 생산량이 크게 늘어났어요. 하구둑과 4개의 댐 주변 지역은 관광지로 조성되어 관광객들도 많이 늘어났습니다.

영산강 상류에 댐을 건설하고 하구에 하구둑을 건설한 것은 홍수와 가뭄, 염해와 같은 자연재해를 예방하고 농업에 사용할 물 자원을 확보하기 위한 것이었어요. 처음에는 영산강이 진정한 전라남도 벌판의 젖줄이 되는 듯했습니다. 그러나 시간이 지날수록 심각한 문제점이 나타나기 시작했어요.

하천은 기본적으로 어느 정도의 물이 흘러 주어야 하천에 살고 있는 식물과 생물들의 생태계가 유지될 수 있어요. 그런데 상류 지역에 건설된 4개의 댐이 영산강 물줄기를 가로막아 버리는 역할을 하고 말았어요. 그러다 보니 영산강 하류 지역에서는 하천의 생태계를 유지할 수 있는 최소한의 물도 부족한 상황이 되어 버린 것이지요. 수질이 악화되니 생태계에 변화가 나타났어요. 더군다나 영산강 하구에 건설된 하구둑은 상류 지역에서 떠내려온 오염물질들을 바다로 내보내는 것이 아니라 가두어 두는 꼴이 되어 영산강 하구의 생태계가 엉망이

영산강 하구둑
영산강 하구에 만든 둑이 바닷물을 막아 주로 자연재해를 예방하고 물을 확보하는 데 도움이 된다.

승촌보
4대강 사업을 실시하면서 영산강
에 설치한 보 중 하나다.

되어 버렸답니다.

이를 해소하기 위해서 4대강 사업을 실시했어요. 강바닥에 쌓인 퇴적물들을 걷어 내고 승촌보와 죽산보 같은 대형 보를 설치했어요. 그러나 영산강의 수질은 여전히 좋아지지 않고 있어요. 보 때문에 물의 흐름이 더 느려지고 물이 한 곳에 머물러 있는 시간이 더 길어지다 보니 오히려 녹조가 더 심하게 나타나는 등 안타까운 뉴스가 연일 보도되고 있습니다. 마치 영산강은 초록색 융단을 깔아 놓은 것 같은 녹조로 뒤덮이고 말았어요. 물속의 산소를 다 써 버리니 생물들이 숨을 쉬지 못하고 죽어 버리게 만든 것입니다.

영산강을 원래의 모습으로 되돌리기 위해서는 어떤 노력을 해야 할까요?

국제해양관광도시를 꿈꾸는 목포

목포는 조선 말기까지만 해도 무안현에 딸려 있는 작은 포구였어요. 1897년 일제에 의해 강제 개항된 이래 식민 활동의 터전이 되는 중요한 도시로 이용되면서 빠르게 성장했어요. 개항이 되자 일본, 러시아, 영국 등에서 무역과 관련된 업무와 자기 나라 국민들의 보호를 담당하는 공무원들이 몰려들었고, 종교를 널리 전파하려는 선교사들도 잇따라 들어왔지요. 그래서 개항 후 목포는 전라남도에서 가장 먼저 새로운 문물이 퍼진 곳이었어요.

목포 시내에는 1921년에 지은 옛 동양척식주식회사 건물이 남아 있어요. 현재는 목포 근대역사관으로 사용되고 있답니다. 1898년에 세워진 일본영사관 건물도 있어요. 이 건물은 목포에 들어선 첫 서양식 건물이지요. 그동안 목포시립도서관, 목포문화원으로 활용해왔다가

목포 근대역사관
(옛 동양척식주식회사)
옛 동양척식주식회사 목포지점으로 사용되던 건물이다. 1920년 6월에 건립되었으며 도지정문화재 지방기념물 제174호로 지정되었다. 현재는 근대역사관으로 사용된다. 실내 전시실에는 일제만행에 대한 다양한 사진자료가 전시 중이다.

현재는 목포 근대문화역사 전시관으로 운영하고 있어요.

목포 근대문화역사 전시관
(옛 일본 영사관)

옛 일본 영사관 건물은 목포 개항 이후 일본의 영사업무를 위해 지은 건물이다. 영사관, 목포부청사 등으로 활용되었다가 해방 이후 목포시청, 목포시립도서관, 목포 문화원으로 활용되었고, 현재 목포 근대문화역사 전시관으로 운영 중이다. 붉은 벽면 곳곳에 욱일기 문양이 장식되어 있다. 욱일기 문양 옆에 한국전쟁 당시 총탄의 흔적이 선명하게 남아 있다.

사공의 뱃노래 가물거리면 삼학도 파도 깊이 스며드는데
부두의 새아씨 아롱 젖은 옷자락 이별의 눈물이냐 목포의 눈물

삼백 년 원한 품은 노적봉 밑에 님 자취 완연하다 애달픈 정조
유달산 바람도 영산강을 안으니 님 그려 우는 마음 목포의 노래

깊은 밤 조각달은 흘러가는데 어쩌타 옛 상처가 새로워지나
못 오는 임이면 이 마음도 보낼 것을 항구에 맺은 절개 목포의 사랑

1935년 이난영이라는 가수가 부른 '목포의 눈물'의 노랫말입니다. 이 노래는 나라를 잃은 설움과 민족의 한을 노래한 것입니다. 애잔한 선율이 슬픈 느낌을 더 자아냅니다. 노랫말 때문에 작사를 한 사람이 일본 경찰에 끌려가서 고문을 받기도 했다고 해요.

노랫말에 나오는 '삼학도(三鶴島)'는 목포의 동쪽 앞바다에 나란히 서 있는 세 개의 섬입니다. 목포의 상징이라고 할 수 있는 삼학도는 학으로 변해 버린 세 처녀의 혼이 깃든 섬입니다. 옛날에 한 청년이 유달산에서 무예를 수련하고 있었습니다. 이 청년은 무예가 뛰어날 뿐만 아니라 잘 생기기까지 하여 마을 처녀들의 선망의 대상이었다고 합니다. 아랫마을에 사는 세 처녀가 이 젊은이를 좋아하게 되었어요. 세 처녀는 기회만 되면 유달산 중턱에 있는 옹달샘에 물

유달산에서 바라본 목포
유달산(228m)은 목포 유달동, 대반동, 온금동, 북교동에 걸쳐 있는 산이다. 맞은편에 있는 노적봉은 임진왜란 때 이순신 장군이 군량을 쌓아둔 것처럼 왜군을 속였다는 전설이 전해진다.

길러 간다는 핑계를 대고 유달산에 올라 젊은이의 늠름한 모습을 넋을 잃고 바라보곤 했답니다. 이 때문에 수련에 전념하지 못하게 된 젊은이는 세 처녀에게 제안을 했어요. 이곳을 떠나 먼 섬에 가 있으면, 자신이 수련을 모두 끝내고 세 사람 중 한 사람을 택해 데리러 가겠다고 말입니다. 청년의 제안을 받아들인 세 처녀는 멀리 있는 섬으로 떠나기 위해 포구에서 배를 탔습니다. 그때 청년의 마음이 흔들렸습니다. 청년은 괜한 제안을 했다 싶어서 포구로 한걸음에 달려갔어요. 그러나 배는 막 포구를 떠나고 있었어요. 청년은 배를 멈추게 할 요량으로 배를 향해 화살을 마구 쏘았어요. 그런데 청년이 쏜 화살이 배를 관통해서 배에 물이 차기 시작하더니 금방 바닷속으로 가라앉기 시작했습니다. 죽음을 앞둔 세 처녀는 돌연 세 마리 학이 되어 하늘 높이 솟아올랐습니다. 그리고는 구슬프게 울면서 바다 위로 떨어져 세 개의 섬이 되었다고 합니다.

그러나 삼학도는 1968~1973년 간척공사를 하면서 뭍으로 드러나 버렸습니다. 더 이상 섬이 아닌 것이죠. 목포시는 2000년부터 삼학도를 되살려 내기 위해 노력해서 2010년에 예전의 모습을 되찾아 시민에게 개방되었어요.

'삼백 년 원한 품은 노적봉'은 이순신 장군과 관련된 일화가 전해져 내려옵니다. 노적봉은 유달산에 있는 큰 바위로 이루어진 봉우리입니다. 임진왜란 당시 조선의 군사는 왜군에 비해 세력이 매우 약했습니다. 이를 만회하기 위해 이순신 장군은 노적봉 바위를 초가집의 지붕이나 담을 이기 위하여 짚이나 새 따위로 엮은 물건인 이엉으로 덮게 했어요. 멀리서 보면 마치 엄청난 군량미를 덮어 놓은 것처럼 꾸민 것이지요. 그리고 주민들에게 군복을 입혀서 노적봉 주위를 돌게 하여 많은 군사가 있는 것처럼 보이게 했어요. 또 영산강에 하얀색의 흙을 뿌려서 바다로 흘러드는 물줄기가 쌀뜨물처럼 보이게 했어요. 이를 본 왜군들은 조선의 군사가 얼마나 많기에 군량미를 산더미처럼 쌓아 놓고, 쌀 씻는 물이 바다로까지 흘러들까 생각하여 줄행랑을 쳤다고 합니다. 강강술래는 유네스코의 인류무형문화유산에 등재되어 보존되고 있답니다. 노적봉 아래에는 국내외 유명작가의 작품 41점이 전시되어 있는 야외조각공원이 있는데, 국내에서 처음으로 꾸민 조각공원이라고 해요.

목포는 볼 것도 많지만 먹을 것도 많습니다. 목

이순신 장군 동상
목포 유달산 초입에 서있다. 유달산 노적봉은 임진왜란 때 이순신 장군과 관련된 일화로 유명하다.

포가 자랑하는 5가지 음식이 있어요. 일명 '목포 5미'라고 해요. 1미는 묵은 김치에 푹 삭힌 홍어와 돼지고기를 알맞게 싸서 막걸리와 함께 먹는 홍탁삼합입니다. 2미는 여름에 최고의 맛을 내는 민어회이고, 3미는 '갯벌 속의 인삼'으로 통하는 세발낙지예요. 다리가 3개여서 세발낙지가 아니라 다리가 가늘어서 세발낙지라고 부른답니다. 목포 인근에서만 유독 많이 잡히지요. 4미는 꽃게살 무침이에요. 빨간 양념에 버무려진 꽃게살은 맵지도 짜지도 않아 어린이들도 쉽게 먹을 수 있습니다. 5미는 갈치조림이에요. 제주의 갈치는 '은갈치', 목포의 갈치는 '먹갈치'입니다. 두툼하게 살이 오른 먹갈치는 구워 먹어도 맛이 일품이고 조림으로 먹어도 맛있습니다. 목포시는 '목포 5미'를 알리기 위해 무안동 유달산 입구에서 옛 중소기업은행까지 453m 구간을 '목포 5미 맛집 거리'로 조성하여 관광객들의 입맛을 사로잡고 있습니다.

최근 목포는 국제해양관광도시로서 성장하고자 하는 노력을 하고 있어요. 최근 목포항의 시설을 늘리고 넓혀서 항구로서의 역할을 더 충실하게 하려는 공사를 마무리 했어요. 남서 해안의 어업 중심지로서 중요한 역할을 담당하는 한편, 해양레저시대를 앞에서 이끌기 위해 해양레포츠산업의 기반을 다지고 있습니다.

낙지연포탕
낙지와 채소를 넣고 끓이는데, 그 맛이 담백하고 시원하다.

○ 홍탁삼합
삭힌 홍어, 삶은 돼지고기, 묵은
김치에 막걸리를 곁들여 먹는 것
을 말한다.

○ 민어회
민어를 회로 요리해 먹는데, 특히
여름에 맛있다.

꽃게살무침
꽃게살을 발라 빨간 양념에 버무린
것으로 보기보다 맵지 않다.

 먹갈치구이
목포의 갈치는 은갈치와 달리 먹
색을 띤다.

♦ 갈치조림
먹갈치에 갖은 양념을 하여 조려
먹는다.

대나무의 고장 담양

대나무는 매화, 난초, 국화와 함께 사군자로 알려져 있어요. 사철 푸르고 곧게 자라는 성질 때문에 지조와 절개의 상징으로 인식되었지요. 따뜻한 곳에서 잘 자라기 때문에 경상남도와 전라남도에서 대나무를 많이 볼 수 있습니다. 그중에서도 담양은 예로부터 대나무로 유명한 지역이었어요. 조선 후기 실학자 서유구가 쓴 '임원경제지'라는 책에는 호남인들이 대나무를 종이처럼 다듬어서 파란색과 빨간색 등 여러 가지 색으로 물을 들여 옷상자를 만들어 썼는데, 담양의 옷상자가 그중에서 가장 뛰어났다고 기록되어 있다고 해요. 담양은 그 명성을 지금까지도 이어오면서 죽세공품으로 유명한 곳입니다.

담양군은 담양군이 가지고 있는 우수한 자원인 대나무를 관광 자원으로 활용했습니다. 2003년 16만여m2에 울창한 대나무 숲을 조성했어요. 죽녹원이라고 하는 이 대숲에는 약 2km나 되는 산책길이 있습

죽녹원
담양의 울창한 대나무 숲인 죽녹원에는 산책로가 다양하게 잘 조성되어 있다.

니다. 산책길에는 운수대통 길, 철학자의 길, 사랑이 변치 않는 길, 추억의 샛길, 죽마고우 길 같은 재미난 이름이 붙어 있어요. 아무 길이나 마음에 드는 길을 따라 걸으면 됩니다. 대나무 잎 사이를 빠져나온 시원한 바람을 맞으며, 댓잎들이 바람에 사그락거리는 소리를 들으며 걸으면 머리가 맑아지고 심신이 안정되는 효과가 있어요. 이러한 죽림욕(죽림욕)을 즐기려는 관광객들이 해마다 100만 명이 넘게 찾아오고, 해마다 5월이면 담양의 죽녹원 일대에서는 대나무 축제도 열린답니다.

대나무 축제에서는 대나무를 주제로 한 다양한 체험을 할 수 있어요. 그렇지만 뭐니뭐니 해도 대나무 축제의 꽃은 죽물시장입니다. 죽물이란 대나무로 만든 여러 가지 물건을 뜻해요. 담양의 죽물은 과거에는 누구에게나 생필품이었고 명품이었습니다. 그러나 플라스틱 제품이 죽물을 대신하고 중국과 동남아시아에서 싸게 만든 제품들이 쏟아져 들어오면서 예전의 명성을 잃을 뻔했지만, 담양군은 슬기롭게 이 위기를 극복하고 있어요. 옛날엔 대나무 바구니와 소쿠리를 만들었다면, 지금은 대나무를 이용한 음료, 차, 비누를 개발하고, 대숯으로 만든 제품과 죽초액, 현대적인 감각을 살린 부채, 방석, 베개 등을 만들고 있어요.

죽녹원 안에는 죽향문화체험마을이 있는데, 정자 문화를 대표하는 면앙정, 송강정, 식영정, 소쇄원 광풍각을 재현해 놓은 곳에서는 조선시대 선비들의 풍류를 경험할 수 있습니다. 판소리 명창 박동실이 청년 시절 판소리를 배우고 익힌 장소인 우송당에서는 남도민요, 판소리, 풍물 등 국악교육 프로그램을 운영하고 있어요. 국악을 체험하고 싶은 사람들에게는 좋은 기회가 될 수 있습니다. 죽로차(竹露茶)는 대나무 이슬을 머금고 자란 차나무에서 딴 차잎으로 만든 우리나라 전통차예요. 담양의 특

해○○○○○○의 죽녹원 일대
에서 대○○○ 주제로 하여 축제
가 열린다.

죽향문화체험마을
대나무와 어우러진 정자 문화와 국악을 체험할 수 있는 마을로 죽녹원 안에 있다.

산품인 죽로차를 만들기도 하고 시음할 수도 있는 죽로차 제다실도 운영하고, 온돌과 대청마루를 체험할 수 있는 전통 한옥에서 하룻밤을 묵을 수 있도록 한옥 민박도 운영하고 있어요.

죽녹원에서 걸어서 약 10분 거리에는 또 하나의 명물 숲이 자리 잡고 있어요. 담양에서 순창으로 가는 24번 국도변에는 전국에서 제일가는 가로수길이 있습니다. 도로 양쪽에 늘어선 메타세쾨이어가 커다란 나무 동굴을 만들어 놓았습니다. 메타세쾨이어는 천만 년 전에 멸종한 것으로 알려져 있어요. 그런데 1944년 중국 허베이성에서 발견되어 전 세계의 가로수로 퍼져나갔습니다. 우리나라에도 곳곳에 메타세쾨이어 가로수가 있지만 그중 최고는 담양의 메타세쾨이어 길입니다.

◐ **메타세콰이어 길** 도로 양쪽으로 메타세콰이어가 운치 있게 늘어서 있다. 전국의 메타세콰이어 길 중 첫손에 꼽힌다.

◐ **관방제림** 조선 시대 때 담양천 관방제 위에 인공적으로 만든 숲이다. 수많은 종류의 나무들이 울창하게 자라고 있어 멋진 경관을 이룬다.

메타세콰이어 가로수길에서 그리 멀지 않은 곳에는 조선시대에 조성된 관방제림이 있습니다. 이 숲은 천연기념물 제366호로 지정되었어요. 이 숲에서는 가장 어린 나무도 200세가 넘는다고 합니다. 관방제림은 담양천 제방인 관방제 위에 인공적으로 만든 숲이에요. 제방을 따라 약 2km 정도에 걸쳐 조성되어 있어요. 1648년에 제방이 먼저 만들어졌고, 그 후 1845년 철종 때 관청의 노비를 동원해서 숲을 만들었다고 해요. 관방제림에는 수많은 종류의 나무들이 자라고 있는데, 200~400세의 푸조나무와 팽나무 등이 멋진 숲길을 만들어 놓았습니다.

담양에서 대나무를 이용한 음식을 빼놓을 수 없지요. 여러 죽순 요리와 밤, 대추, 은행 등을 쌀과 함께 대나무통에 넣어 한지로 덮고 쪄낸 대통밥이 일품입니다. 댓잎가루를 넣은 댓잎물국수와 각종 한약재를 넣고 끓인 댓잎약계란도 맛있어요. 길거리에서는 댓잎호떡을 팔아요. 이 호떡은 반죽에 댓잎 가루를 섞어 만든 것인데, 간식거리로는 그만입니다. 댓잎찹쌀도너츠와 댓잎아이스크림도 별미지요.

댓잎과 관계는 없지만 떡갈비도 유명해요. 소갈비에서 살을 바른 후 다른 부위의 살과 함께 다져 간장양념을 하고 다시 갈비뼈에 붙여 구운 음식입니다. 떡갈비는 비교적 최근에 개발된 음식이지만 맛이 기가 막히기 때문에 담양 전체에 번졌습니다. 담양에는 대나무 음식과 이 떡갈비를 한 상에 차려 내는 식당들이 많이 있습니다.

◑ **대통밥** 대나무통에 쌀, 밤, 대추, 은행 등을 넣고 쪄서 먹는 음식이다.

◑ **댓잎물국수** 댓잎가루를 넣은 반죽으로 면을 뽑아 만든다.

◑ **떡갈비** 다진 소갈비살에 간장양념을 해서 뭉친 후 구워 먹는 음식이다.

지리산 자락의 구례

예로부터 구례를 가리켜 '삼대삼미(三大三美)'라고 했어요. 즉, 세 가지가 크고 세 가지가 아름다운 땅이라는 뜻입니다. 큰 것 세 가지는 지리산, 섬진강, 구례 들판이고요. 세 가지 아름다운 것은 아름다운 경치, 논밭에서 나는 풍부한 곡식, 넉넉한 인심입니다.

구례는 지리산이 포근하게 감싸 안고 있고 섬진강 맑은 물이 흐르는 매우 기름진 땅입니다. 천 년 고찰 화엄사에는 각황전, 석등, 사사자 삼층석탑, 동오층석탑, 서오층석탑 등의 국보와 보물이 가득합니다. 지리산을 가장 쉽게 만날 수 있는 노고단은 오르는 길이 완만하기 때문에 어린이들도 쉽게 오를 수 있어요. 깎아지른 절벽에 기대고 서 있는 사성암도 놓칠 수 없는 볼거리입니다. 구름 속의 새처럼 은둔한다는 뜻의 조선 양반 주택인 운조루에 가면 타인능해(他人能解), 즉 '누구나 열 수 있다.'는 글이 새겨진 뒤주가 있어요. 이 말은 아무나 열어서 쌀을 가져갈 수 있다는 뜻이에요. 넉넉한 양반의 인심을 살핌과

화엄사(사적 제505호)
지리산 노고단 서쪽 전라남도 구례군 마산면에 있는 절이다. 통일 신라 시대에 창건되어 화엄종을 널리 알리고 화엄사상을 구현하였다. 국보와 보물 등 많은 문화재를 보유하고 있는 천년 고찰이다.

① 각황전

② 각황전 앞 석등

④ 서오층석탑

③ 화엄사 원통전 앞 사자탑

동시에 운조루의 풍수지리를 알아보는 것도 재미입니다. 한국 야생화의 30%가 있다는 야생화 자연생태학습장 등 구례에는 이름난 곳이 셀 수 없이 많아요.

구례구역은 구례(求禮)로 들어가는 입구(口)라는 뜻입니다. 1936년에 개통되었는데, 주민들뿐만 아니라 주변에 있는 화엄사, 천은사 등과 같은 유명한 절과 우리나라 제1호 국립공원인 지리산국립공원을 찾는 관광객들이 이용하는 곳입니다. 그런데 구례구역은 구례에 있지 않고 섬진강 건너 순천시 황전면에 있어요. 역은 순천시에 있는데 역 이름은 강 건너 이웃마을인 구례군의 이름을 따서 쓰고 있는 것

① 각황전(국보 제67호)
화엄사에 있는 2층으로 된 불전이다. 규모가 크지만 비례가 맞아 안정감이 있다.

② 각황전 앞 석등(국보 제12호)
우리나라에 현존하는 석등 중 그 크기가 가장 크다.

③ 화엄사 원통전 앞 사자탑
(보물 제300호)
사자 4마리가 길쭉하고 네모난 탑 신부를 받치고 있다.

④ 서오층석탑(보물 제133호)
화엄사 앞마당에 있는 2개의 탑인 동서 오층석탑 중 서쪽 탑이다. 동탑에 비해 장식이 화려하다.

✿ **사성암** 전라남도 구례군 문척면에 있는 암자로, 가파른 절벽에 서 있는 모습이 신비한 느낌을 준다.

✿ **운조루** 구례군 토지면에 있는 조선 시대의 양반 주택이다.

✿ **타인능해 뒤주** 누구나 열어 쌀을 가져갈 수 있었다.

입니다. 우리나라에서는 이런 사례가 구례구역이 유일하다고 하네요. 자기 지역의 이름을 어떻게든 알리기 위해 애쓰는 요즘 같은 세상에 '하늘의 뜻에 따라 산다.'는 뜻의 지역 이름을 가진 순천시 사람들의 마음이 참 넓은 것 같습니다.

구례구역에 내리면 바로 옆에 흐르는 섬진강을 볼 수 있어요. 섬진 강변을 따라 구불구불 나 있는 자전거길은 우리나라에서 가장 멋진 자전거길이라고 알려져 있습니다. 섬진강 자전거길은 여기서 시작하면 하동을 지나 광양 앞바다까지 갈 수 있습니다.

구례 하면 산수유축제를 빼놓을 수 없습니다. 구례군 산동면은 산수유 마을이라고 불립니다. 산수유 마을에는 무려 11만 7천 그루가 넘는 산수유나무가 있어요. '산동'이라는 지명은 중국 산동성에서 지리산 산골 마을로 시집 온 여인이 산수유 묘목을 가져와서 처음 심었다 하여 붙여졌어요. 이때 심은 나무가 지금도 있는데, 천 살이 넘는다

섬진강 자전거길
섬진강변을 따라 나 있는 자전거길 주변은 멋진 풍광을 자랑한다.

산수유 마을
구례군 산동면은 십만 그루가 넘
는 산수유가 자라고 있어 산수유
마을이라고 부른다.

산수유 열매
가을이 되면 빨갛게 익는 산수유
열매는 주로 한약재로 쓰인다.

산수유축제
해마다 봄이면 노란 산수유 꽃이
활짝 펴서 장관을 이루는 산동면
일대에서 산수유 축제가 열린다.

고 해요. 마을 사람들은 이 나무를 '할머니 나무'라고 부릅니다.

봄이 왔다는 것을 제일 처음 알리는 산수유는 3월부터 노란 꽃망울을 터트리기 시작해 마을을 온통 노란색으로 물들입니다. 봄에 피는 노란 산수유 꽃도 아름답지만, 산수유 열매가 빨갛게 익는 가을 풍경도 너무 아름답습니다. 산수유 열매는 한약재로 인기가 많아요.

예전에는 산수유 나무 세 그루만 있어도 자식을 대학에 보냈다고 해서 '대학나무'로 불리기도 했어요. 산수유의 꽃말이 '영원한 사랑'입니다. 그래서 구례의 젊은이들은 사랑을 고백할 때 산수유 꽃과 열매를 상대에게 주며 영원한 사랑을 맹세한다고 합니다.

녹차의 고장 보성

전라남도 보성에는 봇재라는 제법 높은 고개가 있어요. 봇재 바로 아래에서 한 폭의 풍경화를 펼쳐 놓은 듯한 광경을 만나게 됩니다. 비탈진 계곡에 수평으로 선을 그어 놓은 듯 새파란 차나무들이 뭉실뭉실 자라고 있습니다. 이곳은 보성다원입니다. 녹차밭으로 들어가는 맨 첫머리에는 커다란 삼나무가 즐비하게 서서 운치를 더하고 있어요. 다원 안에는 관광객들을 위한 다양한 편의시설을 갖추고 있고 다원을 한눈에 볼 수 있는 전망대까지 있어서 사시사철 관광객들의 발길이 끊이지 않습니다.

녹차의 고장답게 보성에는 크고 작은 차밭이 200여 곳이나 있어요. 보성 녹차는 단순한 음료수를 넘어서 차밭을 관광자원으로 만들고 차

보성다원
산비탈에 차나무들이 줄을 맞춰 자라고 있는 풍경이 한 폭의 그림 같다.

와 관련된 다양한 제품들을 개발해 판매하는 등 보성의 경제를 이끌어 가는 효자 역할을 톡톡히 하고 있지요.

'보성군'에서 생산하는 '보성 녹차'는 우리나라의 지리적 표시 제1호로 지정된 상품입니다. 지리적 표시제(Geographical Indication System)란 상품의 특정한 품질이나 세상에 널리 알려진 평판, 그밖의 특성이 본질적으로 특정 지역의 지리적 특성에서 비롯되었다고 판단해, 그 지역 또는 지방을 원산지로 하는 상품임을 명확히 표시하는 제도를 말해요. 다른 곳에서는 함부로 그 상표권을 사용할 수 없도록 법으로 보호해 주는 제도이지요. 예를 들어서 전라남도 보성이 아닌 다른 지역에서 생산된 찻잎을 이용하여 녹차를 만들고 그 제품에 '보성 녹차'라는 이름을 붙이면 법으로 처벌 받는다는 뜻입니다. 현재 우리

반짝이는 보성다원
12월이면 차밭에 전구를 설치해 반짝이는 녹차밭이 연출된다.

나라에는 100여 개 상품이 지리적 표시 상품으로 지정되어 있어요. 순창 전통고추장, 횡성 한우고기, 벌교 꼬막, 단양 마늘, 해남 고구마 등이 그 예입니다.

녹차의 고장답게 보성의 먹거리는 녹차로 시작해 녹차로 끝납니다. 보성의 웬만한 식당에 가면 기본으로 제공되는 물이 녹차이고, 녹차밥, 녹차 떡갈비, 녹차 삼겹살, 새싹 녹차 비빔밥, 녹차 팥칼국수, 녹차 냉면 등 다양한 녹차 음식을 맛볼 수 있어요. 게다가 군것질용으로 먹을 수 있는 녹차 라떼, 녹차 아이스크림, 녹차 쿠키, 녹차 초콜릿, 녹차 찐빵, 녹차 한과도 빼놓을 수 없습니다. 녹차의 좋은 성분을 이용해 만든 녹차 비누와 화장품도 있습니다. 2010년에는 오스트리아의 세계적인 녹차전문점에도 진출해 빈에서도 보성 녹차를 마실 수 있게 되었습니다.

보성의 차밭은 보성다향대축제가 열리는 5월이 가장 아름답습니다. 연두색 새잎이 파릇파릇한 녹차나무가 가지런히 줄서 있는 광경을 보고 있노라면 마치 영화 속 주인공이 된 듯한 느낌이 듭니다. 해마다 12월이면 봇재의 녹차밭에는 기네스북에 등록된 대형 트리가 등장합니다. 깜깜한 밤에 수많은 LED조명으로 이루어진 녹차밭 트리가 반짝반짝 빛을 내기 시작해요. 이때에는 봇재 아래 율포에도 화려한 빛의 축제가 펼쳐집니다.

율포는 율포해수욕장도 유명하지만, 국내에서 유일하게 지하 120m에서 끌어올린 암반해수에 보성 녹차가 어우러진 '해수 녹차탕'도 유명합니다. 따뜻한 녹차 바닷물에 몸을 담글 수 있는 기회를 가져 보는 것도 좋을 듯합니다.

◐ 다도 체험
축제에 참가한 아이들이 다도를
배우고 있다.

◐ 녹차 만들기 체험
축제에 참가한 외국인들이 녹차
만드는 과정을 체험하고 있다.
사진은 무쇠솥을 뜨겁게 달구어
녹차 잎을 덖는 과정으로, 이 과
정을 통해 녹차의 산화와 변질을
막고 풍미를 살린다.

대한민국 생태수도 순천

순천만은 동쪽으로는 여수반도, 서쪽으로는 고흥반도로 둘러싸여 있습니다. 순천 시내를 통과해서 흐르는 순천동천이 바다와 만나는 부분에서 시작된 갈대밭은 길이가 약 4km나 됩니다. 썰물이 되었을 때 S자로 드러나는 구불구불한 갯골에 석양이 비치면 한 폭의 풍경화가 따로 없지요. 넓디넓은 갯벌은 짱뚱어를 비롯한 다양한 생물들의 보물창고이고요. 바닷물이 드나들어 염분 변화가 큰 습지에서도 잘 자라는 칠면초 등이 집단으로 서식하는 염생습지도 장관입니다. 순천만은 갯벌과 섬을 비롯해 주변 지역에는 갯벌을 간척해서 만든 넓디넓은 논들까지 다양한 모습을 간직하고 있어요.

염생습지
바닷물이 드나들어 염분이 있는 습지를 염생습지라 한다.

2008년 제10회 람사르 총회가 경상남도 창원에서 열렸어요. 환경올림픽이라고 불리는 람사르 총회는 람사르 협약에 가입한 회원국들이 전 지구적 차원에서 습지의 보전 상황을 평가하고 공동의 정책을 개발하는 국제 환경회의입니다. 람사르 협약은 간척과 매립으로 사라지고 있는 습지를 보존하기 위해 세계 여러 나라가 맺은 국제적 합의에 대한 약속입니다. 람사르 협약은 1971년 2월 물새 서식처인 이란의 카스피해 연안 람사르에서 체결됐는데, 대륙별 순환 원칙에 따라 3년마다 열려요. 우리나라는 1997년 7월 28일 101번째로 가입했어요. 협약에 가입할 때 한 곳 이상의 습지를 람사르 습지 목록에 등재하도록 되어 있는 규정에 따라 강원도 양구군에 있는 대암산 용늪을 신청해

지정되었습니다. 2008년 현재, 전 세계적으로 1,743개의 습지가 람사르 습지에 등록되어 있는데, 우리나라는 8개의 람사르 습지가 등록되어 있습니다.

제10회 람사르 총회의 공식방문지로 순천만이 지정되었어요. 이때부터 순천만은 국내뿐만 아니라 세계적으로도 주목을 받기 시작했어요. 순천만이 세계인의 눈길을 끌 수 있었던 이유가 있었어요. 순천만은 2,568ha에 달하는 넓은 갯벌과 갈대, 각종 철새 등이 조화를 이루는 가운데 맑고 깨끗하게 보존이 되어 있었기 때문입니다.

순천시는 스스로를 '대한민국 생태수도'라고 부릅니다. 그리고 생태수도의 명성을 이어가기 위해 다양한 노력을 하고 있어요. 순천만을 자연과 인간이 함께 살아가는 곳으로 보전하기 위해 '순천만 자연생태공원'으로 만들었어요. 생태탐방 인원을 적정인원으로 제한하여 생

낙안읍성
전라남도 순천시 낙안면에 있는 민속마을로 조선 시대 읍성들 가운데 가장 잘 보존된 곳이다.

태 환경을 보존하고 있어요. 순천은 순천만 습지를 효율적으로 보전하고 지속가능하게 관리하기 위해 갯벌을 복원하려는 계획을 가지고 있어요. 폐염전과 폐양식장으로 인해 생물서식지의 다양성이 감소하는 순천만 갯벌의 생태계를 되살리기 위해 노력하고 있는 것입니다.

순천의 또 하나의 자랑은 낙안읍성입니다. 읍성은 지역의 주민들을 보호하고 군사나 행정적인 기능을 담당하던 곳입니다. 대개는 평야지대에 쌓거나 아니면 산을 배후에 두고 앞쪽으로 들판이 있는 곳에 축조했지요. 낙안읍성은 왜구를 방어하기 위해 지은 성입니다.

낙안읍성은 낙안군수로 부임한 임경업 장군이 낙안마을 뒤에 있는 금전산의 큰 바위를 큰 칼로 내리쳐 나온 바위들로 하루 만에 쌓았다는 전설이 있어요. 마을 한가운데에는 임경업 장군의 선정비가 남아있어요. 그리고 마을 사람들은 임경업 장군을 마을의 수호신으로 삼고 해마다 정월 대보름에 마을의 안녕을 기원하는 마을 제사를 지냅니다.

낙안읍성을 돌아볼 때는 동문으로 들어가 문 위의 낙풍루(樂豊樓)로 올라가서 성곽을 따라 한 바퀴 돈 뒤 마을을 둘러보는 것이 좋습니다. 특히 남문을 지나 성의 북쪽으로 돌계단이 이어지는 곳에서 내려다보는 마을 정취가 가장 좋습니다. 또 금전산 중턱에 올라 읍성을 내려다보는 것도 좋습니다. 낙안읍성이 왜 풍수지리상으로 '즐겁고 편안한' 곳인지 깨닫게 됩니다.

읍성 안은 동문에서부터 서문 쪽으로 난 큰 도로가 마을을 관통하고 있으며, 남문에서 진입하는 도로가 동서도로와 중간지점에서 만나면서 T자형을 이룹니다. 마을을 관통하는 동서 방향 도로의 북쪽에는

남도음식문화큰잔치
매년 10월 낙안읍성 마을에서 열리는 음식축제다.

동헌과 객사를 비롯한 관아 건물이, 남쪽에는 민가들이 자리 잡고 있으며, 두 도로가 만나는 지점에는 시장이 형성되어 있습니다.

낙안읍성 마을에서는 매년 10월에 전라남도에서 주관하는 '남도음식문화큰잔치'라는 축제가 열려요. 화려하고 풍성한 전라도 음식을 한 번에 맛볼 수 있답니다.

남동임해공업지역 여수

여수와 광양은 호남지방을 대표하는 중화학공업단지를 끼고 있습니다. 특히 광양은 동쪽으로 경상남도와 맞붙어 있어 영남 지방과 호남 지방의 교류가 활발한 곳입니다.

여수는 임진왜란 당시 이순신 장군이 전라 좌수영 함대를 중심으로 왜군을 무찌르며 활약했던 곳입니다. 또 부산을 비롯해 남해의 여러 섬들을 이어 주는 바다 위 교통의 핵심이자, 전라북도 익산시와 전라남도 여수시를 연결하는 전라선 철도가 마지막으로 도착하는 곳이기도 해요. 여수는 한려해상국립공원과 다도해상국립공원이 맞닿아 있는 아름다운 자연환경을 가지고 있습니다. 2012년에는 '살아 있는 바다, 숨 쉬는 연안'이라는 주제로 '2012여수세계박람회'가 열리기도 했어요.

여수에 임해공업단지가 들어선 것은 1960년대 후반 GS칼텍스(호

진남관(국보 제304호)
조선 시대 전라좌수영에 속하던 군사 건물이다. 이순신 장군이 전라좌수영의 본영으로 사용하던 진해루가 정유재란 때 소실되자 그 자리에 규모를 크게 하여 진남관을 지었고, 숙종 때 다시 중건하였다.

여수국가산업단지 전망대에서 바라본 야경
여수국가산업단지 내에 있는 전망대에 오르면 공장의 불빛과 밤바다가 멋지게 어우러진 야경을 볼 수 있다.

남정유)가 가동을 시작하면서부터입니다. 이어서 국내 최대 비료 생산업체가 가동을 시작하고, 1980년대 말부터는 석유화학공업단지가 본격적으로 만들어지면서 지금의 여수국가산업단지가 탄생했습니다. 여수산업단지에는 석유화학 관련 업체가 150여 개나 가동하고 있는 우리나라에서 손꼽히는 석유화학단지입니다.

광대한 여수국가산업단지의 모습은 밤에 훨씬 화려해 보입니다. 여수시와 순천시 경계에 '해산마을'이 있는데, 이 해산마을 뒷산에 여수국가산업단지의 휘황찬란한 야경을 멀리서 바라볼 수 있는 전망대가 있어요. 길 안내를 해 주는 네비게이션에 '여수산업단지전망대'를 치

이순신 대교
여수와 광양을 연결하는 다리로,
총길이 2.26km의 현수교다.

면 검색이 됩니다. 전망대에서 내려다보는 야경은 아름답다 못해 황홀할 지경입니다.

여수에 가면 국내 최초의 해상케이블카가 있어요. 돌산공원과 자산공원을 오가며 다도해의 절경을 감상할 수 있는 곳입니다. 총 50대가 운행되는데, 그중 10대는 케이블카의 바닥이 투명해 발아래 바다를 내려다볼 수 있어요. 낮에는 탁 트인 바다를, 밤에는 여수의 야경을 즐길 수 있답니다.

여수와 광양은 호남 지방에서 공업이 가장 발달한 지역이기도 하면서 이순신 대교로 연결되어 있어요. 여수와 광양을 잇는 이순신 대교

현수교
교상(다리의 차로를 유지하는 구
조물)이 하중을 견디는 케이블에
매달려 있는 다리를 말한다.

는 길이가 2.26km의 현수교입니다. 이 다리는 2013년에 개통되었어요. 다리의 중간 부분이 해수면으로부터 88m 높이에 있는데, 이것을 지탱해 주는 탑의 높이가 270m로 세계에서 가장 높답니다. 우리나라에서는 가장 높은 다리겠지요? 광양에서 여수로 가는 데 걸리는 시간이 50분에서 10분으로 줄어들었다고 해요. 다리를 건너면 이순신 대교 전체 모습과 포스코 광양제철소를 볼 수 있는 전망대가 있어요.

이순신 대교 때문에 숨어 있던 빼어난 경치가 세상에 알려진 곳이 있어요. 이순신 대교로 향하는 길목인 여수 묘도에 있는 다랭이논의 아름다운 경치가 또 하나의 색다른 볼거리입니다. 다랭이논이란 산비탈을 개간해서 층층이 만들어 놓은 계단식 논을 말해요. 특히 5월 모내기철에 다랭이논에 물이 찰랑찰랑 차 있을 때 아침 해가 떠오르면서 빚어내는 경치가 매우 아름답습니다.

다랭이논
산비탈을 개간해서 층층이 만들어
놓은 계단식 논으로, 남해군, 통영
시, 여수시의 다랭이논이 유명하다.

다랭이논 모내기 폭이 좁은 다랭이논에서는 기계의 힘을 빌리기 어려워 사람이 직접 모내기를 한다.

● 동백꽃 오동도에 국내 최대의 동백나무 군락지가 있다.　　● 오동도 방파제 여수시와 오동도는 700여 m의 방파제로 연결되어 있다.

● 여수수산시장 여수시 교동에 있는 수산물 전문 전통시장이다.

돌산 갓김치
여수의 돌산이라는 섬에서 나는
갓으로 담근 김치로, 톡 쏘는 매운
맛과 독특한 향을 가지고 있다.

동백꽃은 여수시의 꽃입니다. 여수 시내는 동백나무가 가로수입니다. 동백꽃의 상징섬인 오동도는 1968년에 한려해상 국립공원으로 지정되어 연간 100만 명이 넘는 관광객이 찾아옵니다. 우리나라에서 가장 큰 동백나무 군락지이지요. 전라선의 종착역인 여수역에서 1km 남짓 떨어진 섬이자, 육지와 연결된 768m의 방파제를 쌓으면서 육지와 연결되어 있습니다. 방파제 구간은 500원을 내고 '동백열차'를 타면 시원한 바닷바람을 맞으며 이동할 수 있어요. 오동도를 멀리서 바라보고 싶다면 동백열차를 타는 코스보다 유람선을 타는 것이 좋습니다. 돌산대교를 지나 여수 앞 바다를 다니는 유람선은 한려수도 관광의 시작을 알리는 것으로 인기가 아주 많아요.

남해안 해산물이 한 곳에 모이는 여수수산시장과 수산물특화시장도 눈을 즐겁게 해 줍니다. 여수시 돌산에서 해풍을 맞으며 자란 갓으로 담근 돌산 갓김치는 여수의 특산품이지요. 지리적 표시에 등록되어 있어서 여수에서 생산된 갓과 김치에만 '돌산 갓'이라는 상표를 쓸 수 있어요. 시원하면서도 톡 쏘는 맛이 겨울철 달아난 입맛을 되살리는 데 최고입니다.

자연과 어우러진 제철도시 광양

광양은 경상북도 포항1시와 함께 우리나라를 대표하는 제철산업도시입니다. 광양을 대표하는 산업체인 광양제철소는 1982년 13개의 크고 작은 섬을 연결하고 바다를 매립해서 바다 위에다 세운 제철소입니다. 1970년대 우리나라의 경제가 발전하면서 철강을 필요로 하는 곳이 넘쳐났습니다. 그래서 포항에 이어 우리나라에서 두 번째로 광양에 제철소를 건설했어요. 작은 어촌마을이었던 광양은 제철소가 세워지면서 하루아침에 큰 도시가 되었지요.

광양제철소는 세계 최대 규모의 일관제철소입니다. 철강을 만들 때

광양제철소
(주)포스코에서 건설한 대규모 제
철소로, 전라남도 광양시 광양국
가산업단지 안에 있다.

에는 제선, 제강, 압연의 세 단계를 거쳐야 해요. 제선이란 원료인 철광석과 유연탄 등을 커다란 가마(고로)에 넣어 액체 상태의 쇳물을 뽑아내는 것입니다. 제강은 만들어진 쇳물에서 각종 불순물을 제거하는 작업이고, 압연은 쇳물을 굳혀서 커다란 판의 형태로 뽑아낸 후 여기에 높은 압력을 가하는 것입니다. 이렇게 처음부터 끝까지 제철 과정을 모두 갖추고 있는 종합제철소를 일관제철소라고 합니다. 우리나라에서는 포스코가 포항과 광양에 일관제철소를 운영하고 있고, 현대 INI 스틸이 충청남도 당진에서 일관제철소를 운영하고 있습니다.

6,200여 명의 직원이 일하고 있는 광양제철소는 24시간 내내 돌아갑니다. 광양제철소는 단체만 견학할 수 있게 되어 있어요. 개인이 광양제철소를 견학하려면 '광양시티투어'를 이용하면 돼요. 광양시티투어는 광양시의 자연경관 명소는 물론 광양항의 홍보관과 컨테이너 부두 현장, 광양제철소 등 산업시설까지 견학할 수 있도록 구성되어 있습니다.

전국에서 가장 먼저 꽃 대궐을 이루는 곳이 바로 광양입니다. 광양은 매실이 유명해요. 매화는 가장 먼저 봄을 알리는 꽃입니다. 광양시 다압면 일대에서는 해마다 3월이 되면 매화축제가 펼쳐집니다. 매화는 긴 겨울 끝에 처음 피어나는 꽃이라 주목을 받지요. 섬진강을 굽어보면 화사한 매화꽃이 뽀얀 안개처럼 마을을 덮어 장관을 이룹니다. 광양의 매화는 섬진강의 검푸른 물결과 하얀 모래톱, 파란 하늘이 어우러져 더 아름다운 풍경을 안겨줍니다. 섬진강변을 하얗게 물들이던 매화꽃이 지고 나면 꽃이 피었던 자리마다 초록색 매실이 달려요. 매실은 매년 6월쯤부터 수확을 시작합니다. 이때에는 매실 따기 체험행

사도 열립니다. 자신이 직접 딴 매실을 이용해 매실절임, 매실고추장
장아찌, 매실주 등을 만들어서 집에 가져올 수도 있어요. 도사리마을
산 중턱에 자리 잡은 청매실농원이 매화꽃을 구경하기엔 제일 좋습니
다. 이곳에서는 매화꽃 구경뿐만 아니라 2,000개가 넘는 매실청 항아
리들이 줄지어 있는 광경도 빼놓을 수 없습니다.

광양 또 하나의 명물이 광양숯불구이입니다. 백운산에서 자라는 참
나무를 가공해 만든 숯으로 양념한 쇠고기를 구워 내 담백하고 부드
러워요. 해마다 10월이 되면 '광양 전통숯불구이 축제'가 열린답니다.

광양의 망덕포구는 섬진강과 광양만 물길이 만나는 지점에 있습니
다. '망덕'은 망을 보기에 알맞은 위치에 있다는 뜻이에요. 마을 뒤편

매실청 항아리
매화뿐 아니라 청매실이 숙성되고
있는 항아리들이 줄지어 있는 모습
도 매화마을의 상징이 되었다.

광양 매화축제
전라남도 광양시 다압면 섬진마을 (매화마을) 일원에서 해마다 3월에 매화를 주제로 하여 축제가 열린다.

광양 전통숯불구이축제
광양의 별미 음식인 숯불구이
를 관광 상품화하여 지역문화
축제로 만들었다.

섬진강문화축제

전어로 유명한 광양 망덕포구 일원
에서 열리는 축제로, 전어의 맛이
더욱 좋아지는 가을에 열려 여러 가
지 전어 요리를 맛볼 수 있다. 뿐만
아니라 전어 잡기 등 다양한 체험
행사도 펼쳐진다.

에 망덕 포구를 감싸고 있는 망덕산은 한려수도를 한눈에 볼 수 있는 전망이 좋은 곳입니다.

광양의 망덕포구는 '집 나간 며느리도 돌아온다.'는 속담이 있을 정도로 맛있는 전어가 유명하지요. 가을철에 살이 실하게 오른 전어를 굽는 냄새가 얼마나 좋았으면 이런 속담이 생겼을까요? 가을이면 망덕포구에서 섬진강문화축제가 열려요. 섬진강문화축제에서는 여러 가지 전어요리를 맛볼 수 있을뿐 아니라 전어잡기 등 다양한 체험행사를 경험해볼 수 있어요. 봄에는 섬진강 물속 바위에만 붙어 산다는 강굴(벚굴)도 맛볼 수 있는데, 강굴은 일반 굴보다 5배나 큽니다. 여름에는 '재첩'과 '백합'이 많이 생산됩니다.

광양은 2003년에 인천, 부산과 함께 경제자유구역으로 지정되어 한 단계 더 발전할 수 있게 되었어요. 경제자유구역이란 외국인이 우리나라에 더 많은 투자를 하도록 하기 위해 정부가 지정하는 특정지역이나 공업단지를 말해요. 경제자유구역이 되면 외국 기업은 여러 가지 세금을 적게 내고 정부의 지원을 많이 받기 때문에 더욱 자유롭고 편하게 투자할 수 있습니다. 광양시는 경제자유구역이 된 것을 기회로 삼아 동북아시아의 주요한 항구 도시로 한 걸음 더 성장을 계획하고 있답니다.

곰탕과 홍어의 고장, 나주

나주시청 정문 앞 300m 지점에는 '완사천'이란 샘터가 아직도 그대로 있어요. 고려 태조 왕건이 영산강을 따라 올라와 후백제의 견훤과 '금성산 싸움'을 벌이던 때였어요. 전쟁의 상황을 살피던 왕건은 완사천을 지나게 되었는데, 마침 완사천에서 물을 긷던 한 여인에게 시원한 물 한 바가지를 청했어요. 그 여인은 우물가에 있던 버들잎을 물 바가지에 띄워 왕건에게 건넸습니다. 버들잎을 호호 불면서 천천히 마시라는 배려였어요. 이렇게 인연을 맺은 여인은 고려의 2대 왕 혜종을 낳은 장화왕후입니다. 시청 앞 광장에는 고려 태조 왕건과 버들잎 낭자의 사랑을 형상화 한 조각이 있어요.

전라도는 '전주'와 '나주'의 첫 글자를 딴 것입니다. 나주는 일제강점기 직전까지 서울의 도성과 같이 사대문이 있고 객사, 동헌 등을 갖추고 있는 성으로 둘러싸여 있는 곳이었어요. 서울 성곽의 둘레가 18.3km인데, 나주성의 둘레는 3.7km입니다. 일제강점기가 시작되면서 일제에 의해 허물어진 성곽을 다시 복원하는 일을 시작한 것은 1993년 이후입니다. '홍어의 거리'로 유명한 나주의 영산포 일대는 '근대 역사의 거리'로 다시 태어났습니다. 매년 4월이면 영산강변에서 영산포 홍어축제가 열려요. 영산포는 1970년대까지만 해도 돛을 단 배가 드나들고 고깃배에 매달린 불빛으로 밤조차 밝은 곳이었어요. 그런데 1981년 영산강의 하구가 하구둑으로 막혀 버려 더 이상 드나드는 배가 없는 항구가 되었어요. 그래도 영산포 홍어의 명성은 여전합니다.

10월이 되면 금성관 일대에서 '영산강 문화축제'가 열려요. 마한의

추수감사제인 '소도'를 시작으로 왕건과 장화왕후의 궁중혼례, 나주 목사 부임행사 등이 재현됩니다. 디딜방아 찧기, 떡메 치기, 소달구지 타기 등과 같은 농경사회 풍습을 체험하기에 안성맞춤인 축제입니다.

영산강변에 있는 '나주영상테마파크'도 나주를 대표하는 볼거리입 니다. KBS드라마 '바람의 나라', MBC드라마 '주몽'을 촬영했던 곳이 에요. 고대의 건축 양식과 성곽을 관찰할 수 있고, 활쏘기, 보초서기, 황포돛배 타기 등과 같은 체험을 할 수 있습니다.

나주를 대표하는 음식은 나주 곰탕과 영산포 홍어입니다. 전국에

나주영상테마파크
전라남도 나주시 공산면에 있는 영 상 전문 공원이다. 삼국 시대를 배 경으로 한 드라마와 영화 촬영 장 소이자 삼국 시대 문화를 체험할 수 있는 민속촌이다.

나주 곰탕

사골 국물에 결대로 찢은 사태와 양지머리, 다진 파를 넣은 탕이다. 나주의 장터에서 팔던 국밥이 유명해지며 오늘날의 나주 곰탕으로 이어지고 있다. 다른 지역의 곰탕과 다르게 국물이 맑은 것이 특징이다.

나주 곰탕전문점 간판을 단 집들이 있지만 나주의 금성관 주변의 식당가에서 먹는 나주 곰탕의 맛을 따라올 수는 없습니다. 영산포 일대의 홍어를 파는 식당에서는 톡 쏘는 맛의 삭힌 홍어뿐만 아니라 홍어의 내장과 어린 보리싹을 넣어 끓인 홍어애보리국의 시원하고 담백한 맛을 꼭 봐야 합니다.

한반도의 땅끝, 해남

전라남도 해남군 송지면 갈두산 사자봉의 끝은 한반도의 남쪽 땅끝입니다. 사자봉 아래 갈두마을은 땅끝 마을로 더 잘 알려져 있어요. 사자봉(해발 156.2m) 정상에 있는 전망대를 오르는 옛길 옆에는 땅끝에 관련된 다양한 시들을 모아 놓은 비석을 만날 수 있어요. 어린이나 어르신이 계셔서 계단을 오르기 버겁다면 모노레일을 타는 방법도 있습니다. 모노레일에서 보는 다도해의 모습도 대단합니다.

땅끝전망대는 땅끝에 있던 봉수대의 모습을 본떠서 만들었어요. 전망대에 오르면 보길도, 노화도, 흑일도, 백일도 등의 섬이 바다와 조화를 이루고 있는 다도해의 풍경이 한눈에 들어옵니다. 날씨만 좋으면 제주도의 한라산까지 볼 수 있는 호사도 누릴 수 있어요. 땅끝전망대는 해돋이와 해넘이를 모두 볼 수 있어서 매년 해넘이, 해맞이축제가 열리는 곳입니다. 이곳 해남 땅끝에서 서울까지 이어지는 삼남길이 시작됩니다. 현재 옛길을 복원하고 있는 중이라고 하니 조만간 조상

땅끝전망대
한반도의 남쪽 땅끝인 해남 사자봉 위에 있는 전망대에 오르면 다도해의 절경이 한눈에 들어온다. 해돋이와 해넘이를 모두 볼 수 있는 곳으로도 유명하다.

황토 고구마
좋은 기후 조건 속에 영양분이 풍부한 황토에서 자란 해남의 고구마는 달고 수분이 적당하여 촉촉하다.

들이 걸었던 길을 따라 서울에서 땅끝까지, 땅끝에서 서울까지 걸어서 갈 수 있는 날이 올 거예요.

전망대에서 바닷가로 내려오면 삼각형 모양의 땅끝탑을 만날 수 있어요. 땅끝탑 앞의 뱃머리 모양으로 만들어 놓은 장소는 기념사진을 촬영하기에 안성맞춤입니다. 땅끝탑 아래쪽의 나무 데크에서 땅끝탑을 바라보면 이 뱃머리가 무엇을 의미하는지 짐작할 수 있습니다. 땅끝에서 앞으로 더 나아가라는 뜻일 거예요.

해남은 남해안을 끼고 있기 때문에 겨울에도 기온이 영하로 내려가는 일이 거의 없어요. 그리고 곳곳마다 시뻘건 황토가 속살을 드러내고 있지요. 이 붉은 땅에서 겨우내 자란 배추와 해남 땅의 색깔을 그대

로 닮은 황토 고구마는 해남의 특산물이 되었습니다.

13척의 배로 왜선 133척을 격파한 이순신 장군의 명량대첩이 있었던 울돌목은 진도와 해남의 화원반도 사이의 좁은 바다입니다. 울돌목은 가장 좁은 곳의 폭이 330m이고 수심은 약 20m 미만인 곳입니다. 그래서 밀물과 썰물이 뒤바뀔 때에는 급류가 흐르고 세차게 흐르던 바닷물이 서로 부딪치면서 천둥 치는 소리가 나기 때문에 울돌목이라는 이름이 붙었습니다. 해협 위로는 해남과 진도를 연결하는 진도대교가 튼튼하게 버티고 서 있어요.

진도대교
이순신 장군의 명량대첩이 있었던 울돌목 위에 놓여 해남과 진도를 연결하는 다리이다. 1984년에 준공된 우리나라 최초의 사장교이다.

천일염 산지 신안군 증도

옛 속담에 '평양 감사보다 소금장수'라는 말이 있어요. 별 볼일 없는 관리보다 소금장수가 더 낫다는 뜻입니다. '소금 먹은 놈이 물 켠다.'라는 속담은 죄지은 사람이 반드시 벌을 받는다는 뜻입니다. 욕심쟁이 도둑이 요술 맷돌을 훔쳐 배에 싣고 가다가 소금이 나오게 하는 주문을 외웠는데 소금 무게 때문에 배가 가라앉아 버리는 바람에 지금까지도 맷돌이 계속 돌면서 소금을 만들어 내기 때문에 바닷물이 짜게 되었다는 전래동화까지, 음식 중에서는 유독 소금과 관련된 이야기들이 많이 있습니다. 아마도 소금이 우리의 일상생활에 밀접한 관련이 있기 때문일 거예요.

우리나라에서 그 천일염을 가장 많이 생산하는 곳이 신안군입니다. 천일염은 바닷물을 햇빛에 증발시켜 만든 소금이지요. 갯벌에 소금

○ 태평염전(증도)
전라남도 신안군 증도에 있는 국내 최대의 단일 염전이다.

밭, 즉 염전을 만들고 바닷물을 끌어들여 여
러 단계의 증발 과정을 거쳐 소금 결정을 얻
습니다.

증도엔 1948년 첫 염전이 들어섰고, 현재
우리나라에서 가장 큰 태평염전이 증도에
생긴 건 1953년입니다. 증도에는 소금 박물

○ 소금창고
돌로 지은 태평염전의 소금창고는
현재 소금박물관으로 사용되고 있다.

관이 있는데, 1953년에 태평염전을 만들 때 지은 소금창고이지요. 소
금창고는 나무로 만드는 것이 일반적인데 이곳의 소금창고만 유일하
게 돌로 지었습니다. 그래서 2007년 문화재로 지정되었어요. 박물관
에는 소금의 역사와 소금과 관련된 문화 등 소금에 관한 자료를 전시
하고 있어요. 박물관을 둘러본 후에는 박물관 뒤에 펼쳐진 염전에 들
어갈 수 있습니다. 염전에 물을 대는 수차를 발로 밟아 돌려 볼 수도

◐ 소금밭 체험장
증도에서는 염전에서 직접 소금
을 만들어보는 등 소금과 관련
된 다양한 체험을 할 수 있다.

◐ 소금동굴 힐링센터
태평염전 소금동굴에는 쉴 수 있
는 힐링센터가 있다. 미세한 소금
입자를 호흡할 수 있어 치유와 미
용에 도움이 된다.

있고, 결정으로 만들어진 소금을 긁어모아 창고까지 나르는 체험도
할 수 있습니다.

증도는 '국제슬로시티연맹'이 수여하는 '슬로시티'로 인증된 섬이기
도 합니다. 소금박물관뿐 아니라 소금 관련 체험공간인 소금동굴 힐
링센터와 소금밭 체험장, 염생 식물원, 국내 최대 넓이의 염전인 태평
염전 등 '느리게 살기'를 경험해 볼 수 있는 다양한 곳이 있습니다.

우리나라에서는 언제부터 천일염을 만들기 시작했을까요?

천일염은 일제강점기에 일본인이 우리나라에서 만들게 한 소금입니다. 일제는 1907년에 인천 주안에 천일염전을 시범적으로 만들었어요. 그 후 주안 인근의 군자, 소래, 황해도 연백 등지에 대규모 천일염전을 만들었지요. 전라남도 신안의 천일염전은 남북 분단 이후에 만들어진 것입니다. 남북이 분단되어 북쪽의 염전에서 천일염을 공급할 수 없게 되자 남쪽에 천일염전을 만든 것이지요.

그렇다면 일제강점기 전에 우리나라 사람들은 어떤 소금을 먹었을까요? 그 소금은 '전오염'이라고 하는데, 바닷물을 가마솥에 끓여서 만든 소금입니다. '화염' 또는 '자염'이라고도 불렀어요. 수많은 땔감과 노동력이 필요하기 때문에 가격이 만만치 않았습니다. 전오염을 생산하는 곳은 동해, 남해, 황해 할 것 없이 우리나라 어디에나 있었습니다. 전오염이 모두 사라지게 된 것은 소금 가격 때문이었어요. 일제강점기의 천일염은 소금을 만들 때 연료 가격이 포함되지 않기 때문에 전오염에 비해 가격이 쌌어요. 그러다 보니 비싼 전오염은 값싼 천일염에 밀려 점점 사라진 것이지요.

태평염전

3 전통 어린 고장 전라북도

전라북도는 북쪽으로는 금강을 경계로 충청남도와, 동쪽으로는 소백산맥을 경계로 경상도와, 남쪽으로는 노령산맥을 경계로 전라남도와 경계를 이루고 있어요. 동진강과 만경강을 끼고 드넓은 평야가 펼쳐져 있고, 갖가지 해산물이 풍부한 황해 바다와, 무주, 진안, 장수로 이어지는 깊은 산 그윽한 골짜기까지, 전라북도는 산과 들과 바다가 어우러진 아름다운 자연환경을 가지고 있는 곳입니다. 전라북도의 심장이라고 할 수 있는 전주시와 군장국가산업단지와 새만금간척지를 기반으로 성장이 기대되는 군산시는 전라북도를 대표하는 도시입니다.

- 전라북도는 동진강과 만경강을 낀 넓은 평야와 해산물이 풍부한 황해, 무주, 진안, 장수로 이어지는 깊은 산까지 산과들, 바다가 어우러진 아름다운 자연환경을 가지고 있다.
- 전주는 전라북도 도청이 있는 곳으로 전라북도의 행정, 교육, 문화의 중심지이며 전통 문화가 잘 보존된 도시다.
- 김제만경평야를 품고 있는 김제는 벼농사의 중심지로 우리나라에서 생산되는 쌀의 약 1/40을 생산한다.
- 바다와 평야를 끼고 있는 군산은 익산, 전주와 함께 전라북도의 중요한 공업 지역을 이루고 있는데, 현대식 시설을 갖춘 군산 외항, 갯벌을 간척한 땅에 건설된 임해공업단지, 새만금 간척 사업 등이 도시 발전의 기반이 되고 있다.

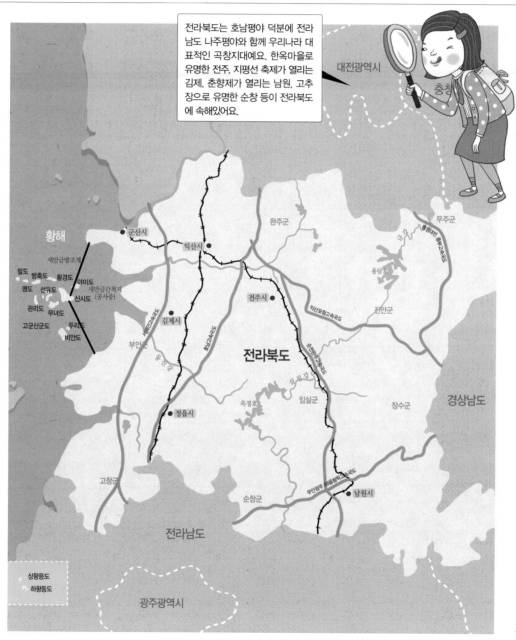

전라북도는 호남평야 덕분에 전라남도 나주평야와 함께 우리나라 대표적인 곡창지대예요. 한옥마을로 유명한 전주, 지평선 축제가 열리는 김제, 춘향제가 열리는 남원, 고추장으로 유명한 순창 등이 전라북도에 속해있어요.

후백제의 도읍지, 온고을 전주

전주에 가면 아름답고도 멋진 세 개의 문을 만날 수 있어요.

하나는 호남고속도로를 이용해 전주에 갈 때 만나는 전주 요금소입니다. 다른 요금소들과는 달리 단아한 기와지붕이 얹혀 있는 것을 볼 수 있어요. 전주 요금소는 2013년 한국도로공사에서 주최한 '아름다운 톨게이트 휴식공간 선발대회'에서 경부고속도로 서울톨게이트 다음으로 아름다운 톨게이트에 뽑히기도 했답니다.

또 하나의 문은 전주 요금소를 지나 월드컵 경기장 근처에 가면 '호남제일문(湖南第一門)'이라고 쓰인 커다란 일주문이에요. 일주문은 절에 들어가는 첫 번째 문을 말해요. 기둥이 한 줄로 되어 있는 문이라는 뜻입니다. '호남제일문'이라는 이름은 전주에 전라감영이 있어서, 조선시대에 전라남북도와 제주도를 모두 통치하는 중심지였기 때문에 붙은 것입니다. 이 일주문은 우리나라에서 가장 큰 것이고요. 육교의 기능도 하고 있습니다.

마지막 문은 전주시 완산구에 있는 보물 제308호 풍남문(豊南門)

호남제일문
전주로 진입하는 곳에 세워져 있는 문이자 육교인데, 그 모양이 전통 한옥으로 유명한 전주에 어울린다. 조선 시대 때 전주가 전라감영이 있는 중심지였기 때문에 붙여진 이름이다.

입니다. 풍남문은 조선시대 전라감영
이 있었던 전주를 둘러싼 성곽의 4대문
가운데 남쪽으로 난 문입니다. 북, 동,
서문은 1905년에 일제에 의해 철거되
고 남문인 풍남문만 남아 있는 것입니
다. 풍남문을 나오면 왼편에는 조선 태
조 이성계의 어진(초상화)을 받들어 모
시기 위해 지어진 경기전이 있어요. 또

오른편에는 가장 아름다운 건축물로 꼽히는 전동성당이 있습니다. 전
동성당은 한국 천주교회 최초의 순교자인 윤지충과 권상연이 1791년
신해박해 때에 처형당한 풍남문이 있던 바로 그 자리에 건립되었습니
다. 이 성당은 1907년부터 1914년에 걸쳐 세워졌어요. 처형지였던 풍
남문 성벽을 헐어 낸 돌로 성당 주춧돌을 세웠다고 합니다.

전주는 전라북도의 행정, 교육, 문화의 중심지이며 전통 문화가 잘
보존된 도시예요. 전주는 900년 후백제를 세운 견훤이 수도로 삼은
곳이고 조선시대에는 오늘날의 전라북도와 전라남도, 제주도까지 관

◐ 경기전(보물 제1578호)
조선 태조 이성계의 어진(초상화)
을 모신 곳이다.

◐ 전동성당
전주시 완산구 전동에 있는 성당
이다. 천주교 신자들을 처형했던
풍남문 밖에 지어졌다. 서양식 근
대 건축물이며 우리나라에서 가장
아름다운 성당 중 하나로 꼽힌다.

할했던 전라감영이 있던 곳입니다. 예로부터 행정중심지의 역할을 하던 곳이었고, 지금도 전라북도 도청이 자리 잡고 있습니다.

전주는 유네스코가 세계문화유산으로 지정한 판소리의 본고장입니다. 또 우리나라 전통생활양식에서 빠질 수 없는 한옥, 한식, 한지를 대표하는 도시입니다. 전주는 일찌감치 풍요의 고장으로 인정받았어요. 이러한 풍요와 여유로움은 문화예술을 꽃피우고 섬세한 멋과 맛의 고장이 될 수 있었던 밑바탕이 되었지요. 전주에서는 판소리와 농악 등 전통 민속 예술을 겨루는 전주 대사습놀이가 해마다 열려요. 최근에는 세계 소리 축제를 개최하여 전통과 현대의 조화를 꾀하고 있습니다.

전주에는 국내 최대 규모의 한옥마을이 있어요. 800여 채의 한옥이 빼곡하게 모여 있답니다. 한옥마을이 지금의 모습을 갖추기 시작한 것은 을사늑약(1905년) 이후입니다. 원래 일본인들은 전주읍성의 서문 밖(지금의 다가동)에 살았다고 해요. 읍성 안에는 신분이 높은 사람들이 주로 살았고 성 밖에는 상인이나 천민 등 신분이 낮은 사람들이 살았습니다. 그런데 1911년 일제는 전주읍성의 남문(지금의 풍남

승광제
조선의 마지막 황손인 이석씨가 거주하는 곳으로 전주시 완산구에 위치해 있으며 황실의 전통 문화를 체험할 수 있다.

전주 한옥마을
전주시 완산구 풍남동과 교동 일대에 있는 전통 한옥마을이다. 빠르게 변하는 도시 속에 옛 모습을 그대로 간직한 채 빼곡히 모여 있는 한옥들을 보노라면 우리 전통의 멋과 함께 마음의 여유를 느낄 수 있다.

문)을 제외하고 성곽을 모두 헐어 버렸어요. 그러면서 일본인들이 성 안에 들어와 살기 시작했습니다. 전주의 양반들은 일본인들과 함께 살기 싫었어요. 그래서 교통과 풍남동 일대에 한옥을 새로 짓기 시작 했습니다. 양반들이 하나 둘 모여들기 시작하면서 현재의 한옥마을이 탄생한 것입니다.

한옥마을 관광안내소에서 태조로를 따라 오른쪽에 나무 계단으로 정비된 길을 따라 오르면 오목대에 다다릅니다. 이곳은 조선왕조를 개창한 태조 이성계가 황산대첩에서 왜구를 물리치고 개경 개선길에 들려 잔치를 베풀었다는 곳입니다. 까만 기와지붕이 가지런한 한옥마 을을 한눈에 내려다볼 수 있지요.

오목대
전주 시내를 내려다 볼 수 있는 정 자가 있는 작은 언덕이다. 이성계가 왜구를 무찌르고 승전을 자축한 곳 이다.

전주의 한옥마을은 2011년 슬로시티로 지정되었어요. 전주한옥마을의 장점 가운데 하나는 전통 한옥에서 숙박 체험을 할 수 있다는 것입니다. 한여름에는 대청마루에 드러누워 낮잠을 청하고, 겨울에는 따뜻한 아랫목에서 전통차를 마시고 고구마를 쪄 먹는 즐거움을 누릴 수 있습니다. 전주한옥마을이 유명해지면서 거주민의 비율은 점점 줄어들고, 한옥은 게스트하우스, 음식점, 카페, 문화공간 등으로 활용되는 경우가 많아졌습니다. 거리에도 국적불명의 먹거리들이 넘쳐나고 관광객들의 무질서도 도를 넘고 있다고 하니 매우 안타까운 일이 아닐 수 없습니다.

한옥마을에서 서쪽 방향으로 걸어서 10분 정도 떨어진 곳에는 남부

시장이라는 재래시장이 있어요. 맛의 고장 전주에서 이름난 맛집으로 알려진 식당들은 모두 남부시장에서 찾을 수 있답니다. 돼지피를 넣어서 만든 피순대가 맛있는 집, 탕수육이 맛있는 집, 콩나물 국밥의 지존, 닭강정으로 유명한 집 등은 2시간 이상씩 줄을 서서 기다려야 음식 맛을 볼 수 있을 정도입니다. 긴 줄을 서기 싫다면 같은 음식을 파는 옆집으로 들어가 보세요. 잘 알려진 집들만큼 맛이 일품입니다. 이 음식들을 먹은 후 꼭 먹어야 하는 간식이 있습니다. 양푼냄비에 끓여주는 팥죽과, 엿인데도 달지 않은 호박엿입니다.

전주에 간다고 하면 아는 사람들은 꼭 한 가지 부탁을 하는데, 바로 풍년제과 초코파이를 사달라는 거예요. 한옥마을 근처 사거리에 있는 풍년제과 본점에는 경찰이 나와 교통정리를 할 정도로 줄을 길게 서 있기도 해요. (사)한국전문기자협회는 강동오케익&풍년제과를 '우리밀과 쌀로 만든 빵' 부문에서 전문업체로 선정하여 인증서를 수여하기도 했어요.

남부시장에 가면 반드시 시장의 2층에 가봐야 합니다. 그곳에는 예

풍년제과 전주의 유명한 제과점으로 특히 커다란 초코파이가 인기 있다.

풍년제과 초코파이 초콜릿을 입힌 빵 속에 크림과 딸기잼이 들어 있어 매우 달콤

사롭지 않은 10여 개의 가게들이 자리 잡고 있어요. 카페, 레스토랑, 옷가게, 쿠키 가게 등이 있는데, 하나같이 독특하고 재치 있는 문구와 실내장식이 볼만한 곳이에요.

전주시 삼천동에 가면 막걸리 한 주전자만 시키면 상다리가 부러질 만큼의 안주가 줄줄이 나오는 막걸리 골목이 있어요. 막걸리 한 주전자에 2만 원인데, 따라 나오는 안주의 종류는 셀 수 없을 정도입니다. 전주에는 삼천동의 막걸리 골목이 가장 유명하지만 중화산동 막걸리 골목, 평화동 막걸리 골목, 서신동 막걸리 골목, 효자동 막걸리 골목 등 비슷한 곳이 여러 군데 있답니다.

짜장면과 짬뽕을 파는 중국집도 전주는 다릅니다. 전주에 가면 '물짜장'을 먹어 봐야 합니다. 전주 이외에 다른 지역에서 맛보기 힘든 전주 중국집만의 메뉴라고 할 수 있어요. 물짜장은 국물이 있는 짜장이라고 생각할 거예요. 그러나 물짜장은 걸쭉한 짬뽕 국물에 면을 비벼

전주비빔밥
나물과 고기 등 여러 가지 재료를 밥과 함께 고추장으로 비벼 먹는 전주의 대표 음식이다.

먹는 느낌입니다. 짬뽕처럼 너무 맵지 않고 쉽게 먹을 수 있답니다.

전주하면 절대 빼놓을 수 없는 음식이 있지요? 바로 30여 가지나 되는 재료에 고추장과 고소한 참기름을 넣어 비벼 먹는 전주비빔밥이에요. 콩나물국에 밥을 넣어 끓여 만든 콩나물 국밥도 절대 빼놓을 수 없습니다. 콩나물을 재료로 만든 음식이 유명한 것은 전주의 기후와 물이 콩나물 재배에 알맞기 때문이지요.

지평선 축제를 여는 김제

삼한시대에 김제에는 마한의 54개 부족국가 가운데 가장 넓은 지역을 차지했던 벽비리국(辟卑離國)이 있었어요. 백제 때에는 김제를 벽골군(碧骨郡)이라고 불렀습니다. 벽비리나 벽골이라는 지명은 '벼의 고을', '볏고을'이라는 말에서 유래한 것으로 보입니다. 삼국시대에 만들어진 벽골제라는 저수지 역시 벼농사를 짓기 위해 만든 것입니다.

이름부터 벼와 관련이 있는 김제는 일찌감치 벼농사의 중심지 역할을 했어요. 김제는 시 전체 면적의 절반이 논이고 우리나라에서 생산되는 쌀의 약 1/40을 생산합니다.

김제는 북쪽으로는 만경강, 남쪽으로는 동진강을 두고 그 사이에 펼쳐져 있는 김제만경 평야를 품고 있어요. 김제시 광활면 일대와 만경읍 일대의 평야를 김제 사람들은 '징게맹갱 외에밋들'이라고 부릅니다. 광활면은 끝도 보이지 않을 만큼 넓다는 뜻으로 이름이 붙여졌고, 만경은 일만 이랑이라는 뜻으로 붙여졌지요. 둘 다 이름만으로도 얼마나 넓은 땅인지 짐작이 됩니다. 이곳이 바로 진정한 지평선을 바라볼 수 있는 유일한 곳이랍니다.

광활면은 원래 갯벌이었던 곳입니다. 일제 강점기 때(1925년) 일제는 쌀을 수탈하기 위해 갯벌에 10km 길이의 제방을 쌓고 농토를 조성하기 시작했습니다. 일제는 간척을 한 후에 영구적으로 땅을 경작할 권리를 주겠다고 꼬여서 전국에서 3,000명이 넘는 농부들을 끌어들였습니다. 간척지를 만드는 사업은 7년 동안이나 이어졌고 농부들은 온갖 혹독한 대우와 배고픔을 참아가며 일해야 했습니다.

여의도 면적(약 2.9km2)의 8배가 넘는 땅이 만들어졌지만, 일제는 처음의 약속을 어겼고, 농민들은 자신의 손으로 만든 땅을 일본인 땅 주인에게서 빌리고 그 대가를 바치는 소작인으로 눌러앉게 되었습니다. 해마다 가을이면 누렇게 익은 벼이삭들로 황금벌판을 이루고 있지만, 90여년 전 갯벌을 옥토로 일구었던 농부들의 땀방울이 배어 있었던 것입니다.

김제시는 조정래의 대하소설 '아리랑'의 무대를 따라 걸을 수 있도록 '아리랑길'을 만들었어요. 벽골제에서 시작해서 김제 평야의 젖줄인 원평천 둑길을 지나, 벽골제를 만들던 인부들이 신발에 묻은 흙을 털었더니 산이 되었다는 신털미산을 지나, 김제시 죽산면 농토의 절반 이상을 소유했고 소작하는 사람을 550명이나 거느렸던 하시모토 농장사무실과 창고로 사용했던 건물을 지나면, 메타세콰이어 나무가 멋지게 이어진 가로수길을 만나게 됩니다. 이후 남포삼거리에서 망해사까지 13km를 일직선으로 달리게 되는데, 이곳이 바로 1920년대 간척을 했던 그곳입니다. 가도 가도 끝이 보이지 않는 그곳은 얼마나 넓었으면 이름조차 '광활'이겠습니까!

김제시에서는 해마다 10월이 되면 지평선축제를 개최합니다. 청정 들녘에서 자란 메뚜기 잡기를 비롯해서 낫으로 벼를 벤 후 탈곡하고 방아를 찧어 알곡을 얻는 체험, 아궁이에 불을 지펴 직접 밥을 짓는 체험 등 농경문화와 관련된 다양한 체험과 유익한 프로그램으로 구성되어 있습니다.

지평선축제
김제시에서 매년 10월에 개최하는 축제로 다양한 농경문화를 체험할 수 있다.

서해안 시대의 핵심 도시 군산

'아름다운 이 땅에 금수강산에~'로 시작하는 '한국을 빛낸 100인의 위인들'에는 군산과 관련된 사람이 있습니다. 누구일까요? 바로 우리나라 무기의 역사를 바꿔 놓은 최무선이에요. 고려말 우왕 때 최무선이 화포를 이용해 왜군을 무찔렀던 진포대첩의 '진포'가 군산의 옛 이름입니다. 고려 말이 되면서 왜구들이 우리나라 곳곳에 출몰하여 떼를 지어 돌아다니며 사람을 해치거나 폭력을 써서 강제로 재물을 빼앗아 가는 일이 잦아졌어요. 1380년 가을 왜선 500여 척이 진포를 침입했습니다. 이때 고려의 장군이었던 최무선은 자신이 발명한 화포로 왜구를 공격하여 왜선들을 모두 불살라 버렸어요. 이것이 진포대첩입니다. 진포대첩은 세계 해전의 역사도 바꾸어 놓았어요. 진포대첩은 함선에서 화포를 사용한 세계 최초의 전투로서 역사적인 의미를 가지고 있습니다. 군산시에서는 진포 해양 테마공원을 만들어 최무선과 진포대첩을 기념하고 있어요.

그런데 왜구들이 일본과 지리적으로 가까운 우리나라의 동해안이 아닌 서해안의 군산에까지 출몰한 이유는 무엇일까요? 그 이유 중 하나는 '쌀'입니다. 금강의 하구에 자리 잡은 군산은 말하자면 우리나라의 곡식 창고 바로 앞에 있는 항구인 셈이지요. 고려시대의 군산에는 호남지방에서 나는 쌀을 고려의 수도였던 개경까지 뱃길로 실어 나르기 위해 마련된 창고인 조창이 있었고, 그 쌀을 탐냈던 왜구들과의 싸움도 자주 벌어졌어요. 그 싸움 중의 하나가 진포대첩입니다.

군산은 '온 나라에 흉년이 들어도 임피와 옥구평야의 농사만 잘 되면 큰 걱정 없다.'는 말이 있을 정도로 비옥한 평야를 안고 있어요. 서쪽으로는 바다와 맞닿아 있고, 동쪽과 남쪽으로는 호남평야를 비롯해 온통 평야로 이어지는 곳에 자리 잡고 있지요. 그래서 호남평야에서 생산된 쌀이 모이는 곳이자 출입구 역할을 하는 곳입니다. 고려시대에 왜구들이 노렸던 군산은 1899년 일제가 강제로 항구를 개방하게 만들었어요. 조그만 포구에 불과했던 군산을 강제로 문을 열게 한 데에는 호남평야의 쌀을 일본으로 가져 가고자 하는 속내가 담겨 있었습니다. 다른 한편으로는 일본의 공업 제품이 우리나라로 들어오는 입구의 역할을 하기도 했지요. 이런 과정을 겪으면서 군산은 급속하게 도시로 성장했어요.

군산항의 내항에 가면 뜬다리 부두가 있어요. 밀물이 되면 다리가 해수면을 따라 떠오르고, 썰물이 되면 해수면이 내려간 만큼 다리도 내려가는 시설이에요. 즉, 수위에 따라 다리의 높이가 자동으로 조절

뜬다리 부두와 해군 상륙함
군산항 내항에는 밀물과 썰물의 수위에 따라 다리 높이가 조절되는 뜬다리 부두와 2차 세계대전과 월남전에서 활약한 해군 상륙함이 있다.

되는 것입니다. 군산은 밀물과 썰물 때의 바닷물의 높이차가 심해서 썰물일 때에는 큰 배가 부두 가까이 접근하기가 곤란한 점이 있었습니다. 그래서 만든 것이 뜬다리 부두입니다. 1899년 군산항 개항 이후 일제에 의해 이러한 다리가 4개나 만들어졌다고 해요. 이 다리를 통해 엄청나게 많은 쌀들을 일본으로 운반해 나갔습니다. 지금 군산 내항에서 볼 수 있는 건 4개 중에서 남아 있는 1개입니다.

1908년 10월에는 전주와 군산을 잇는 도로가 건설되었어요. 우리나라 최초의 아스팔트 포장 도로입니다. 일제가 호남지방의 쌀을 좀 더 원활하게 수탈하기 위해서 만든 것이지요. 지금은 번영로라고 부르고, 4차선으로 확장되었으며, 도로 양쪽으로 벚나무가 늘어서서 봄이면 아름다운 꽃길이 되기도 합니다. 시원하게 뚫린 도로로 농민들의

번영로
전주와 군산을 잇는 도로인 번영로 양편에 벚나무가 많이 심어져 있어 봄이면 아름다운 벚꽃길이 된다.

피와 땀이 서린 쌀가마들이 수도 없이 실려 나가는 것을 보는 농부들의 심정이 어땠을까 생각해 봅니다.

군산은 강화도조약(1876년) 이후 부산, 원산, 인천, 목포, 진남포, 마산에 이어 일곱 번째로 개항된 항구도시입니다. 다른 개항 항구와는 달리 우리나라의 쌀을 강제로 일본으로 가져갈 목적으로 개항되었기 때문에 일본인들의 경제적 중심지 역할을 했어요. 일제 강점기의 군산 인구 중 일본인들이 절반에 가까울 정도였다고 합니다. 그래서 일본인들이 살았던 집이며 절, 식민지 시대의 각종 수탈과 관련된 건물들이 매우 많이 남아 있습니다. 군산시에서는 이러한 근대문화유산을 잘 보전하고 인식을 새롭게 하기 위해 시티투어 코스 중에서 근대문화 코스를 운영하고 있어요.

동국사
군산시 금광동에 있는 우리나라에 유일하게 남아 있는 일본식 절이다.

군산 시내의 월명동과 여객선터미널 부근에는 일본식 가옥과 조선 은행 건물, 구 군산세관 건물, 미즈상사 건물 등이 그대로 남아 있습니다. 1909년에 창건된 동국사는 우리나라에 유일하게 남아 있는 일본식 절입니다. 군산에는 일본식 절이 5개나 있었다고 하니 얼마나 많은 일본인들이 군산에 거주하고 있었는지 짐작이 갑니다.

군산은 전라북도에서 익산과 전주와 함께 중요한 공업 지역을 이루고 있어요. 현대식 부두 시설을 갖춘 군산 외항이 1980년에 완성되었고, 갯벌을 간척한 땅에는 임해공업단지가 건설되었습니다. 1990년대부터는 중국과 정식으로 교류가 이루어지면서 군산이 서해안 시대의 중심도시 역할을 하게 되었어요. 최근엔 새만금 간척 사업이 진행됨에 따라 국제적인 관광 기업 도시가 될 것으로도 기대한답니다.

구 군산세관 건물
현재 호남관세전시관으로 사용되는 구 군산세관 건물은 붉은 벽돌로 지은 근대 건축물이다.

첩첩산중 무진장 지역

엄청나게 많아 다함이 없는 상태를 이르는 '무진장'이라는 말은 불교에서 덕이 광대하여 다함이 없음을 나타내는 말로 쓰입니다. '무진(無盡)'은 다함이 없다는 뜻이고, '장(藏)'은 창고이므로 '다함이 없는 창고'라는 뜻이 되지요. 전라북도에는 '무진장'이라고 불리는 지역이 있어요. 전라북도 무주군, 진안군, 장수군을 아울러 부르는 말입니다.

　무진장 지역은 호남의 지붕이라고 불리는 진안고원 아래 자리 잡고 있어요. 소백산맥과 노령산맥이 만나는 높은 곳에 자리 잡은 해발 500m의 진안고원은 금강과 섬진강이 나누어지는 경계가 되는 곳입니다. 이곳 사람들은 무주, 진안, 장수를 무진장이라고 부르며 행정구역은 달라도 한 지붕 아래 살아온 사람들이라 같은 생활문화권을 이

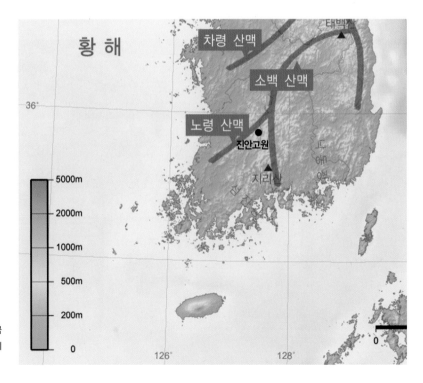

진안고원
호남지방의 지붕이라고도 하며 금강·섬진강·만경강 등이 여기에서 발원한다.

루며 살아왔습니다. 산골짜기마다 마을이 있어 첩첩이 산으로 둘러싸여 사람들의 발길이 닿지 않는 두메산골마을을 가리킬 때도 무진장이라고 해요.

이곳에 가면 세 지역을 넘나드는 무진장여객의 버스를 만날 수 있습니다. 이 지역 사람들은 무진장 버스를 타고 세 지역을 넘나들며 살아갑니다. 무진장 버스를 타고 가는 중에 만날 수 있는 진안의 모래재 메타세콰이어 길은 한국의 아름다운 길 100선에 선정된 아름다운 길이에요.

첩첩산중 무진장 지역이 지켜 낸 또 하나의 오랜 전통이 있습니다. 2010년 유네스코 세계무형유산으로 등록된 매사냥이에요. 매사냥은 날짐승 등을 사냥하는 습성을 가진 야생의 매를 잡아 사냥에 적합하게 길들인 후, 사람 대신 사냥을 하게 하는 것으로, 4000여 년의 역사

진안 모래재 메타세콰이어 길
모래재는 진안과 전주를 이어주는 주요 도로 중 하나다. 진안 방향으로 멋진 메타세콰이어 가로수길이 길게 이어져 있다.

덕유산 칠연폭포
기암괴석과 크고 작은 7개의 폭포,
그 아래에 형성된 폭호가 어우러져
경관이 아름답다.

를 가지고 있습니다. 산으로 둘러싸인 무진장 지역은 야생꿩이 많아
졌고 자연스럽게 매사냥이 발달하게 되었지요.

　구불구불한 골짜기가 9,000번 굽이치고 있다는 무주구천동 계곡은
깊은 산과 골짜기의 대명사입니다. 무주군 설천면의 나제통문에서 덕
유산의 백련사에 이르는 약 28km에 걸쳐 있는 계곡을 가리키는데, 크
고 작은 폭포와 여울, 기암괴석이 아름답게 어우러져 보는 사람의 감
탄사를 자아냅니다.

　나제통문은 무주구천동의 빼어난 경치 33경 중에서 제1경에 해당
됩니다. 삼국시대에 백제와 신라의 경계가 되었던 바위벽 한가운데
커다란 구멍이 나 있어 문의 역할을 했기 때문에 붙여진 이름이에요.
신라의 라(羅)와 백제의 제(濟)가 합쳐져 양쪽을 오가는 문, 나제통문

이 되었지요. 이곳은 신라와 백제가 가장 치열하게 전투를 벌였던 곳입니다. 백제의 부여와 신라의 서라벌로 가는 지름길이기 때문이지요. 나제통문을 중심으로 나라가 달랐기 때문에 1,400여 년이 지난 지금도 통문 아랫마을(서쪽) 백제 사람과 윗마을(동쪽) 신라 사람 간에 사투리도 다르고 풍습도 다르게 나타나요. 나제통문을 경계로 서쪽의 백제 마을 주계(朱溪;지금의 설천면)는 전라도 사투리를 쓰고, 동쪽의 신라 마을 무산(茂山; 지금의 설천면 일부와 무풍면)은 경상도 사투리를 씁니다. 무산과 주계의 첫 글자를 따서 무주가 된 것이에요. 무주 읍내에서도 주민들의 말투로 어느 동네 사람인지 서로 알 수 있다고 합니다. 제사 등과 같은 풍습도 다릅니다. 백제 쪽에서는 전날 밤 10시에 지내고, 신라 쪽은 자정에 지낸다고 해요. 불과 몇 십 년 전까지만 해도 아랫마을과 윗마을 처녀총각이 서로 결혼도 하지 않을 정도였다

나제통문
주군 설천면에 있는 석굴로 된 문이다. 삼국시대 때 신라와 백제의 경계이자 관문이었던 곳이다.

고 합니다.

　마이산을 빼놓고 진안군을 이야기할 수 없습니다. 동쪽에 해발 667m의 수마이봉이 솟아 있고 서쪽에 673m의 암마이봉이 솟아 있는데, 두 봉우리의 모양이 꼭 말의 귀를 닮아서 마이산이라는 이름이 붙었어요. 마이산에는 재미있는 전설이 하나 있어요. 옛날 아주 먼 옛날 진안에 살고 있던 신선 부부가 아들과 딸을 낳고 살고 있었어요. 세월이 흘러 신선 가족은 하늘로 올라가야 할 날이 다가왔어요. 남편 신선은 자신들이 승천하는 모습을 사람들이 보면 안 되기 때문에 한밤중에 하늘로 올라가자고 했고, 부인 신선은 한밤중은 무서우니 새벽에 하늘로 올라가자고 했어요. 결국 부인 신선의 말대로 새벽에 하늘에 오르기로 했어요. 새벽에 하늘로 오르려던 신선 가족은 때마침 물을 길러 나왔던 동네 사람에게 들키고 말았어요. 부인의 말대로 했다가

마이산
두 개의 바위 봉우리가 독특한 풍광을 연출하는 진안의 산이다. 마이산이라는 이름은 두 봉우리의 모양이 말의 귀를 닮았다 해서 붙여졌다.

하늘에 못 오르게 된 남편 신선은 화가 나서 부인이 데리고 있던 두 아이를 빼앗고 그 자리에서 바위산이 되어 버렸다고 해요. 그래서 마이산을 잘 관찰해 보면, 수마이봉에는 새끼봉우리 두 개가 붙어 있고 건너편의 암마이봉은 반대편으로 고개를 떨구고 있는 듯한 모습을 하고 있답니다. 마이산의 전설을 되뇌이며 마이산에 가까이 다가가면 놀라움에 입이 벌어질 거예요. 산 전체가 마치 시멘트 콘크리트를 부어서 만든 것처럼 나무가 하나도 없어요. 마이산이 있던 자리가 커다란 호수였는데, 홍수로 떠내려온 바위와 자갈, 모래 등이 호수 바닥에 오랫동안 쌓여 바위로 변한 것이랍니다. 그리고 여러 번의 지각 변동을 겪으면서 봉우리로 솟아난 것이지요.

마이산 바로 아래에는 은수사라는 절이 있고 절에서 조금 더 내려오면 크고 작은 돌들을 차곡차곡 쌓아 올려 만든 돌탑이 즐비하게 늘

은수사
마이산 동쪽 봉우리인 수마이봉 아래에 있는 절이다. 은수사라는 사찰명은 태조 이성계가 이곳에서 물을 마시고 물이 은과 같이 맑고 깨끗하다고 했다한 데서 유래되었다고 전해진다.

마이산 탑사

마이산의 서쪽 봉우리인 암마이봉 아래에 있는 탑사에는 수많은 돌탑들이 늘어서 있다. 그중 대웅전 뒤의 천지탑 한 쌍이 가장 커서 높이가 어른 키의 3배 정도라고 한다.

어서 있는 탑사가 있습니다. 이곳의 돌탑들은 신기하게도 100여 년의 비바람에도 쓰러지지 않고 버티고 있어요. 또 겨울에 정화수를 떠 놓고 기도를 드리면 고드름이 거꾸로 솟아오르는 신비한 모습을 볼 수 있습니다. 마이산은 계절에 따라 불리는 이름이 달라요. 봄에는 안개 속에 우뚝 솟은 두 봉우리가 돛을 단 배와 같다 하여 돛대봉, 여름에는 나무들 사이에 드러난 봉우리가 용의 뿔처럼 보인다 하여 용각봉(龍角峰), 가을에는 단풍 든 모습이 말 귀처럼 보인다 해서 마이봉(馬耳峰), 겨울에는 눈이 쌓이지 않아 먹물을 찍은 붓끝처럼 보인다 해서 문필봉(文筆峰)이라 부르기도 합니다.

마이산을 등산했다면 진안 홍삼스파에서 피곤함을 풀어 보아요. 진안홍삼스파는 홍삼을 이용한 건강 스파 시설입니다. 마이산의 우뚝 솟은 두 봉우리를 바라보며 야외 스파를 즐길 수도 있고, 홍삼을 이용한 각종 치료법을 즐겁게 체험할 수도 있어요.

돛대봉(봄) 봉우리가 돛을 단 배 모양으로 보인다.

용각봉(여름) 봉우리가 용의 뿔처럼 보인다.

진안 홍삼스파
진안의 대표 상품인 홍삼을 이용하여 건강을 증진시키려는 목적으로 마이산 인근에 지은 스파 시설이다.

마이봉(가을) 봉우리가 말의 귀처럼 보인다.

문필봉(겨울) 봉우리가 먹물을 찍은 붓끝처럼 보인다.

성춘향과 이몽룡의 고장 남원

'남원시' 하면 가장 먼저 떠오르는 것이 광한루입니다. 새로 부임한 사 또의 아들 이 도령은 단옷날 광한루에 올라서서 주변을 둘러봅니다. 때마침 단오 행사의 하나로 진행되던 그네타기에서 하늘 높이 치맛자 락을 휘날리며 그네를 타는 춘향이의 모습이 눈에 들어옵니다. 그리 고 둘은 사랑에 빠집니다. 광한루는 성춘향과 이몽룡의 사랑이 싹튼 곳입니다. 남원은 어디를 가도 춘향을 만날 수 있습니다. 큰 도로 이름 이 '춘향로'이고, 소설 춘향전을 모티브로 하여 만든 공원인 '춘향테마 파크'도 있어요. 또 남원에서 생산되는 특산물에는 '춘향골'이라는 이 름을 붙인답니다. 매년 5월에 열리는 축제인 '춘향제'도 빼놓을 수 없 습니다. 춘향제의 시작은 일제 강점기까지 거슬러 올라갑니다. 1931 년 성춘향의 절개를 이어받기 위해 춘향의 제사를 지내기 시작한 것

광한루
남원에 있는 조선 시대 누각으로,
성춘향과 이몽룡의 이야기로 유명
하다.

이 이어지면서 매년 단오절을 전후하여 춘향제가 열리고 있어요.

광한루 앞에는 아름다운 연못이 만들어져 있고 연못에는 신선이 사는 산을 뜻하는 영주산, 봉래산, 방장산을 본 뜬 섬이 세 개 있어요. 이 섬들을 이어주는 오작교는 칠월칠석에 견우와 직녀가 만난다는 다리입니다. 춘향전의 사랑이야기와 오묘하게 잘 어울리는 것 같지요? 춘향과 이도령이 사랑을 속삭였다는 오작교는 사랑이 이루어지고 영원하기를 바라는 사람들로 언제나 북적거린답니다.

광한루를 구경했으면 이번엔 추어탕을 먹으러 가야 합니다. 전국에 있는 추어탕 간판 중에 '남원 추어탕'이 제일 많다는데, 도대체 남원 추어탕은 어떤 맛일까 궁금합니다. 추어탕 요리는 지역마다 조금씩 다르게 발전했는데, 크게는 미꾸라지를 통째로 끓여 깔끔한 서울식, 매운탕과 비슷하게 끓이는 원주식, 뼈까지 통째로 갈아 끓이는 남원

춘향테마파크
남원시 남원관광단지 내에 춘향을 주제로 하여 만든 문화 예술 공간이다.

◐ 춘향선발대회 춘향제 기간에 미인 선발대회가 열린다.

◐ 길놀이 춘향제 기간에 볼 수 있는 남원 고유의 민속놀이로 용과 관련된 지역의 특성을 잘 보여준다.

식으로 나눌 수 있어요. 뼈째 갈아서 끓이는 남원 추어탕은 영양이 매우 풍부합니다.

광한루의 주변에는 남원에 있는 대부분의 추어탕 전문점들이 몰려 있습니다. 남원은 지리산과 섬진강의 지류가 실핏줄처럼 엉켜 있기 때문에 예로부터 추어탕의 재료인 미꾸리를 쉽게 구할 수 있었습니다. 또 지리산과 인접해 있기 때문에 토란대, 시래기, 고사리 등 추어탕에 들어가는 부재료들도 쉽게 얻을 수 있습니다.

남원시에서는 추어탕의 명성을 지키기 위해서 여러 가지 노력을 하고 있다고 해요. 미꾸리를 양식하는 기술을 개발하고 남원에서 직접 생산하는 시래기를 음식점에 공급해서 소비자들이 '남원 추어탕' 하면 믿고 먹을 수 있도록 하겠다는 것입니다.

남원 추어탕
미꾸라지를 넣고 끓이는 남원의 대표 음식이다.

고추장이 익는 마을 순창

매콤 달콤한 떡볶이, 새콤 달콤한 쫄면, 맛있는 배추김치……. 이 음식들의 공통점은 무엇일까요? 바로 고추장과 고춧가루를 이용한 음식이라는 점이에요. 그렇다면 우리는 언제부터 고추를 먹었을까요? 저 멀리 남아메리카의 안데스 산지가 원산지인 고추가 우리나라에 들어온 것은 임진왜란 전후로 여겨집니다. 최근에는 그보다 훨씬 전부터 고추를 먹었다는 주장도 있지만, 아직까지는 임진왜란 전후에 일본으로부터 전해졌다는 설이 유력하지요. 임진왜란 전까지는 간장으로 맛을 낸 궁중 떡볶이, 고춧가루가 들어가지 않은 하얀 백김치를 먹었습니다. 우리의 음식문화에서 색깔을 확 바꿔 놓은 고춧가루, 그 고춧가루로 만든 고추장이 유명한 곳이 있습니다. 마트에 가서 고추장이 진열된 곳을 보면 우리나라에서 고추장으로 유명한 곳이 어딘지 금방 알 수 있습니다.

순창의 고추장이 맛있는 이유는 첫째 섬진강 상류의 청정 지역인 순창에서 길러 낸 콩으로 만든 메주와 태양초를 이용한다는 것, 둘째 사방이 산으로 둘러싸인 순창의 지형과 기후가 메주가 잘 띄워지고 고추장 속의 발효균이 좋아하는 환경을 만들어 주기 때문입니다. 더불어서 오랜 기간 고추장을 만들어 온 고추장 장인들이 많습

순창 고추장
좋은 재료를 사용하여 제대로 숙성시켜 만드는 순창의 고추장은 전국적으로 유명한 특산품이다.

니다.

　순창에는 철저하게 전통적인 방식으로 고추장을 만드는 고추장 민속마을이 있습니다. 순창의 고추장이 유명해지자 대기업들이 앞 다투어 공장을 짓고 고추장을 만들었어요. 고추장은 최소한 8개월 이상 숙성을 시켜야 깊은 맛이 난다고 해요. 그런데 공장에서 제대로 발효시키지 않고 빨리 만들어진 고추장들이 순창의 이름을 달고 마트에 진열되기 시작한 것입니다. 그래서 순창에서는 전통적인 방식으로 고추장을 만드는 사람들을 보호하기 위해 1997년에 '순창 고추장 민속 마을'을 만들었어요. 그곳에 가면 고추장 체험관이 있는데, 고추장을 직접 만드는 체험도 할 수 있습니다.

고추장 민속마을
순창군이 순창 고추장의 명성과 전통적 제조법의 명맥을 잇기 위해 조성한 마을이다.

바닷가에 쌓아 놓은 수만 권의 책, 채석강

부안에 있는 채석강은 강이 아니라 바다입니다. 중국의 당나라 때 유명한 시인인 이태백이 배를 타고 노닐다가 강물에 비친 달 그림자를 잡으려다 물에 빠져 죽었다는 그 채석강과 경치가 비슷하다 하여 '채석강'이라는 이름이 붙은 것입니다.

채석강은 변산반도 국립공원의 서쪽 끝 격포항과 그 오른쪽에 있는 닭이봉 일대의 해안절벽과 바다를 일컫는 말입니다. 오랜 세월 바닷물의 침식을 받은 해안절벽이 마치 수만 권의 책을 쌓아 놓은 듯합니

채석강 퇴적층
변산반도 국립공원의 서쪽 끝에 있는 채석강은 퇴적층의 구조와 형태를 잘 볼 수 있는 곳이다. 퇴적암으로 이루어진 해안절벽에는 책을 쌓아놓은 것 같은 모양의 층리가 나타나 있다.

다. 그리고 해안절벽의 곳곳에는 파도에 침식되어 구멍이 뚫려 있는 해식동굴도 볼 수 있습니다. 그 앞으로는 바닷물이 바위를 평평하게 침식시켜 넓고 평평한 땅을 만든 파식대가 놓여 있습니다.

채석강은 '퇴적층의 지형 교과서', '퇴적층 지질 교과서'라고 불릴 정도로 퇴적층의 구조와 형태를 가장 잘 관찰하고 체험할 수 있는 곳입니다. 거대한 자연사 박물관이라고 할 수 있어요. 채석강을 포함한 격포 일대는 1억 년 전 아주 깊은 호수였는데,

채석강 해안
채석강 일대는 변산반도에서 서해쪽으로 가장 많이 돌출된 지역이어서 파도와 바람의 영향을 강하게 받는다. 해안절벽뿐만 아니라 넓고 평평한 파식대도 형성되었다.

이 호수에 오랜 기간 동안 퇴적층이 쌓여 굳어졌습니다. 신생대로 접어들면서 지반이 점점 융기하여 땅속에 묻혀 있던 퇴적층이 지표면에 드러났고, 오랜 세월 파도와 밀물, 썰물이 번갈아 침식하면서 오늘날과 같은 절벽과 파식대가 만들어진 것입니다.

채석강의 아름다운 해안절벽과 파식대를 보려면 물때를 잘 확인하고 가야 합니다. 특히 썰물 때 해식동굴에서 바라보는 낙조와 노을은 정말 말로 표현할 수 없을 정도로 아름답습니다. 밀물 시간에 가면 바닷물 속으로 아름다운 경치가 다 숨어 버린답니다.

부안군에 속해 있는 변산반도는 동쪽을 제외한 나머지 세 면이 바다와 접해 있어요. 밀물과 썰물의 높이차가 큰 황해를 끼고 있기 때문

🔵 **백합 죽**
조개의 여왕으로 불리는 백합을 넣고 끓인 죽으로, 백합 특유의 향과 감칠맛이 일품이다.

🔵 **바지락 죽**
영양가 높은 바지락을 넣고 끓인 죽으로 백합죽과 함께 변산반도의 별미 음식이다.

에 당연하게 갯벌이 발달되어 있습니다. 부안은 이 갯벌에서 잡히는 다양한 식재료들을 이용한 음식 문화가 발달했어요. 특히 백합과 바지락으로 만든 백합 죽과 바지락 죽이 아주 유명합니다. 특히 바지락은 죽 이외에도 바지락 전, 바지락 무침, 바지락 회, 바지락 비빔밥, 바지락 국수 등 다양하게 응용되어 사람들의 입맛을 사로잡지요. 또한 백합은 고급 조개로 이 지역의 결혼식 음식에 절대로 빠지지 않는 음식이었다고 합니다. 그러나 새만금방조제가 건설되고 난 후 백합과 바지락이 자랄 갯벌이 줄어들어 안타깝기만 하네요.

진안이 홍삼으로 유명한 이유는 무엇일까요?

진안에 가면 검은색의 햇빛 가림막이 죽 늘어서 있는 광경이 끝도 없이 펼쳐집니다. 이 것이 바로 인삼을 기르는 시설입니다. 인삼은 강화인삼과 금산인삼이 유명하지만 진안 인삼도 빼놓을 수 없습니다. 진안은 해발고도가 높은 곳에 자리 잡고 있어서 일교차가 크고 햇볕이 잘 들 뿐만 아니라 병충해가 적고 다른 지역의 인삼에 비해 인삼의 좋은 성 분인 사포닌이 많이 들어 있다고 해요. 또 인근의 금산에 비해 산지 지역이 많기 때문에 인삼을 재배할 수 있는 땅의 규모가 크고 또 많습니다.

진안군은 전국에서 인삼 재배 면적이 가장 넓습니다. 인삼으로 유명한 충청남도 금산군 의 재배 면적보다 3배가량 넓어요. 홍삼이 국가의 전매품에서 해제된 이후에는 진안에 홍삼 가공업체가 잇따라 들어섰습니다. 진안은 전국 홍삼의 1/3 정도를 생산하고 있어 요. 2005년에는 홍삼한방특구로 지정되어 소비자들에게 '진안홍삼'이라는 이름으로 제 대로 된 평가를 받을 수 있게 되었어요.

홍삼

4 빛고을 광주광역시

광주광역시는 '빛고을'이라는 별명을 가지고 있어요. 호남 제1의 도시로서 호남 지방의 행정, 산업, 교육, 문화의 중심지예요. 통일신라시대에는 무진주라고 불렸는데, 이곳에서 견훤이 후백제를 일으킨 것으로 유명하지요. 1896년 전국의 13도로 다시 편성하는 과정에서 나주에 있었던 지방 통치의 기능을 광주로 가져와 전라남도의 도청소재지가 되었어요. 1986년에 광주직할시로 승격되면서 전라남도와 분리되었고, 1995년에 광주광역시로 이름이 바뀌었어요.

광주는 지형적으로는 산으로 둘러싸인 분지이고, 동쪽에는 높이 1,187m의 무등산이 우뚝 솟아 있어요. 광주는 특히 일제 강점기 때의 애국지사를 비롯해 문인과 예술가가 많이 나온 고장으로도 유명해요. 2년마다 광주 비엔날레가 열리고, 2010년에는 광주세계광엑스포가 개최되었어요. 1980년에는 5·18 민주화운동이 일어나 민주와 인권을 상징하는 도시가 되었어요.

- 광주는 호남 제1의 도시로서 호남 지방의 행정, 산업, 교육, 문화의 중심지이다.
- 광주는 지형적으로는 산으로 둘러싸인 분지인데, 동쪽으로 높이 1,187m의 무등산이 우뚝 솟아 있다.
- 제조업에 종사하는 인구 19%를 제외한 인구 대부분이 상업과 서비스 산업에 종사하는 전형적인 소비 도시이다.
- 광주비엔날레는 1995년 제1회가 개최되었고, 2014년에 제10회 광주비엔날레가 'Burning Down the House'라는 주제로
  성황리에 끝났다. 지금 광주에서는 짝수년에는 '광주비엔날레'가, 홀수년에는 '광주디자인비엔날레'가 열리고 있다.

광주는 항일독립운동, 민주화운동이 일어난 곳으로 유명해요. 때문에 민주와 인권을 상징하는 도시이기도 하며, 예술 또한 발달해서 예술의 거리가 조성되어있기도 해요. 도시 곳곳에 예술 작품이 스며들어있답니다.

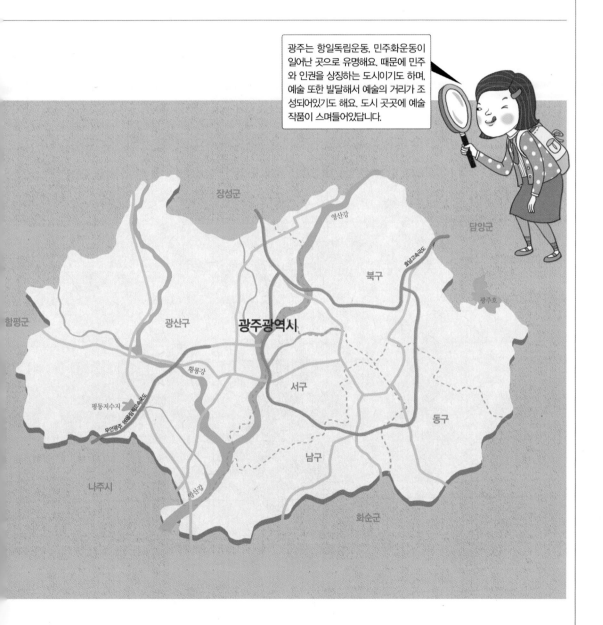

광주광역시에는 특별한 버스가 있다?

시내버스는 '시민들의 발'이라고 불립니다. 시내 곳곳을 누비며 시민들을 편리하게 이동시켜 주기 때문이지요. 시내버스는 제각기 번호를 가지고 있어요. 시내버스의 번호는 일정한 법칙을 가집니다. 그러나 광주광역시에는 조금 특별한 번호를 단 시내버스가 있어요.

광주광역시의 시내버스 번호 체계는 생활권 이름을 뜻하는 숫자에 2~3자리의 숫자를 덧붙이는 방식이에요. 그런데 이 번호 체계를 따르지 않는 시내버스 번호가 있습니다. 바로 419번, 518번, 1187번 시내버스입니다. 이 번호의 시내버스가 지나가는 곳은 특별한 곳입니다.

419번 버스는 국립아시아문화전당-광주고등학교-전남대학교-일곡지구를 연결합니다. 이 버스는 4 · 19혁명의 역사적인 장소를 기리기 위한 것입니다. 1960년 4월

❂ 광주4월혁명발상기념탑

5 · 18 민주묘지
5 · 18 광주 민주화운동의 희생자들이 안장된 묘지로, 광주광역시 북구 운정동에 있다.

19일에 전국의 학생과 시민들이 중심이 되어 자유당 정권의 독재를 반대하는 민주주의 운동을 일으켰어요. 당시 광주의 4·19혁명의 진원지는 광주고등학교였어요. 그래서 광주고등학교의 앞길은 그 뜻을 기리기 위해 '4·19로'로 정했어요. 광주고등학교 정문 앞에는 '광주4·19민주혁명발상지'라는 표지판이 세워져 있습니다. 또 광주고등학교 안에는 광주4월혁명발상기념탑도 있지요.

518번 버스는 1980년 5월 18일 광주에서 일어난 5·18 광주 민주화운동을 기리기 위한 것입니다. 1979년 10월 박정희 대통령 이 암살당했어요. 이때 어수선한 국가 상황을 틈타서 전두환과 노 태우를 중심으로 한 군인들이 정권을 잡으려고 했어요. 한국의 민 주주의가 쇠퇴할 것을 염려한 국민들은 민주화 운동을 시작했습 니다. 광주에서는 전남대학교와 조선대 학교 학생들이 주도하고 시민들이 합세하여 대규모 집회를 열고 민주주의의 실현을 한 목소리로 외쳤습니다. 광주뿐만 아니라 전국적으로 민주화 시위가 확산되었지요. 이에 군사 독재 정권은 계엄령을 선포하고 총으로 무장한 군인들을 동원해서 집회에 모인 광주의 무고한 학생들과 시민들을 잔인하게 진압했어요. 총 7,200여 명에 달하는 사람들이 죽거나 행방불명되거나 다치는 큰 희생을 치렀어요.

518번 버스는 5 · 18 민주화운동과 관련된 사적지를 순회합니다. 5 · 18 자유공원에는 계엄군에게 잡혀간 광주 시민들을 가두어 두었던 곳이 있어요. 그곳은 원래 현병대의 병영이었습니다. 현병대 건물들을 그대로 보존하고 모형으로 5 · 18 당시의 상황을 실감나게 재현

5 · 18 자유공원
5 · 18 광주 민주화운동 당시 상황을 재현해 놓은 조형물이 곳곳에서 발길을 잡는다.

해 놓았습니다. 5·18 민주화운동의 출발점이었던 전남대학교 정문과 계엄군에 맞섰던 시민군들이 마지막으로 항쟁했던 구 전라남도 도청도 지나갑니다. 종점 근처에는 5·18 민주화운동의 희생자들의 시신이 안치되어 있는 5·18국립묘지가 있어요.

1187번 버스는 광주가 품고 있는 국립공원인 무등산과 관련이 있어요. 1187은 바로 무등산의 높이입니다. 광주 사람들의 무등산 사랑이 느껴지네요. 광주를 '빛고을'이라고 하는데, 이것도 무등산 때문입니다. 이 무등산 천왕봉(해발 1187m)의 양쪽으로는 커다란 돌기둥들이 늘어서 있어요. 이 돌기둥들은 약 4500만~8500만 년 전에 이곳에서 일어난 화산활동으로 분출했던 용암이 굳어져 만들어진 것입니다. 이러한 육각형 모양의 돌기둥들은 주상절리라고 부릅니다. 주상절리는 뜨거운 용암이 공기와 만나 갑작스럽게 식으면서 부피가 줄어들어 수직방향으로 긴 틈이 생긴 것입니다. 천왕봉을 호위하듯 둘러져 있는 돌기둥은 서석대와 입석대라고 불리고 천연기념물로 지정되어 있습니다. 해마다 겨울이 되면 서석대와 입석대의 표면에 얼음이 달라붙어 햇빛에 반사되면서 반짝반짝 빛을 발하곤 해요. 그래서 붙여진 이름이 빛고을입니다.

1187번 버스는 광주시외버스터미널과 광주역을 거쳐 무등산국립공원 입구에 있는 원효사까지 운행해요. 무등산에는 무등산 옛길이 세 구간으로 나누어 조성되어 있어요. 하루에 다 둘러보는 건 조금 힘듭니다. 중생대 백악기 화산활동으로 만들어진 주상절리이자 천연기념물로 지정된 서석대를 볼 수 있는 제2구간을 중점으로 삼는 것이 좋습니다. 무등산 옛길 제1구간과 제2구간을 합하면 11.87km입니다.

무등산국립공원

광주광역시 북구와 화순군 이서면, 담양군 남면의 경계에 있다. 높이 1,187m로, 정상 가까이 원기둥 모양의 절리가 발달해 경치가 뛰어나다.

◆ **서석대** 무등산 정상 주변에 늘어선 주상절리 중 왼쪽에 있다. 입석대보다 침식이 좀 더 진행되어 돌기둥들이 분리돼 쓰러지는 단계에 이르렀고, 마치 공룡의 등뼈처럼 보이기도 한다.

❍ **입석대** 무등산 정상 주변의 주상절리 중 오른쪽에 있다. 서석대보다 침식이 덜 진행되어 돌기둥들이 촘촘하게 병풍처럼 서 있다. 저녁노을을 받아 수정처럼 반짝인다고 해서 수정병풍으로도 불린다.

아시아 문화 중심 도시 광주

광주는 전라감영이 있었던 전주와 더불어 호남지역을 대표하는 곳입니다. 광주는 무형문화재로 지정된 남도 판소리 서편제, 먹물을 주로 한 간소한 기교로 시적 정서를 표현하는 남종화 등과 같은 다양한 전통문화와 맛깔스러운 남도 음식문화, 의리, 도의, 정의 등에 어긋난 것이 있으면 세찬 기운으로 떨쳐 일어서는 지역 정서 등으로 예로부터 예향(藝鄕), 미향(美鄕), 의향(義鄕)으로 불렸어요.

광주의 도심 한 가운데에 있던 전남도청이 2005년 무안신도시로 이전하면서 광주의 도심은 쇠락의 길을 걷게 되었어요. 오고가는 사람이 줄어드니 음식점도 문을 닫고 옷가게도 문을 닫았습니다. 대인시장이나 남광주시장 등과 같은 대형 전통시장들도 활기를 잃어버렸지요. 그랬던 광주가 문화 도시로 탈바꿈하고 있습니다. 옛 전남도청 자리이자 5 · 18민주항쟁의 중심지였던 금남로가 시작되는 지점에 국립아시아문화전당이 둥지를 틀었어요. 2015년 10월 개관한 국립아시

국립아시아문화전당
광주광역시를 문화중심도시로 육성하기 위해 옛 전남도청 자리에 조성한 복합 문화 시설이다.

아문화전당은 광주의 새로운 랜드마크가 되었습니다. 그리고 쇠퇴해 가던 광주의 구도심에 계속해서 활력을 불어넣어 줄 문화의 발전소 역할을 할 것으로 기대되고 있어요.

광주는 국립아시아문화전당을 중심으로 바퀴살 모양으로 뻗어 나가면서 볼거리, 즐길거리들이 많이 있습니다. 서쪽으로는 충장로, 금남로, 정율성 생가터, 북쪽으로는 대인예술시장, 궁동 예술의 거리, 동쪽으로는 동명동 카페 거리, 남쪽으로는 양림동 역사문화마을, 푸른 길공원이 자리 잡고 있어요. 광주를 여행하자고자 한다면 구역으로 나눠서 둘러보면 좋습니다.

광주시티투어에 참여해 보는 것도 좋은 방법입니다. 광주시티투어는 역사 · 문화 탐방 코스와 선비 · 문화 코스, 2개 코스로 운영되고 있어요. 광주시티투어 버스 탑승 장소는 송정역, 광주종합터미널, 광주역 3곳에 있습니다.

젊고 활기찬 광주를 만나고 싶다면 충장로에 가야 합니다. 광주의 중심인 충장로는 젊음의 거리로 통합니다. 이곳에서는 다양한 쇼핑을

○ 대인예술시장
광주광역시 동구에 있는 재래시장 이다. 시장 안에 예술가들의 작업 실이 있고 예술가들의 작업을 볼 수 있다.

○ 동명동 카페거리
국립아시아문화전당 동쪽으로 카 페가 많이 모여 있어 도심에 운치 를 더하고 있다.

충장로 젊음의 거리
광주에서 젊음의 거리하면 충장로를 꼽는다. 젊은이들이 많이 모여 다양한 문화를 즐기는 활기찬 공간이다.

즐길 수 있습니다. 뿐만 아니라 각종 공연과 전시가 항상 펼쳐지는 문화의 거리입니다. 개성 있는 카페와 만날 수도 있어요. 특히 황금동 카페 골목이 유명합니다. 매년 10월이면 대표적인 도심 거리축제인 '충장 축제'가 벌어집니다.

충장로를 더욱 유명하게 만든 건 '광주폴리'입니다. 'folly'는 원래 '어리석다'는 뜻인데, '도시의 건축물 중에서 본래의 기능을 잃고 장식적 역할을 하는 건축물'을 뜻하는 말이기도 해요. 보통 '어번 폴리(urban folly)'라고 합니다. 광주에서는 도시의 버려진 공간과 건물을 예술 작품으로 전환시킨 도심 재생 프로젝트로 통하지요. 대표 작품으로는 구 시청 사거리에 놓인 황금색 박스 구조물인 '열린 공간(The Open

충장축제
매년 10월 충장로 일대에서 열리
는 거리축제다.

Box)'이 있어요. 국립아시아문화전당 서쪽 벽면엔 시민들이 시내버
스를 기다리며 쉬거나 소공연을 할 수 있는 '광주 사랑방'이란 폴리도
만날 수 있어요. 곳곳에 숨어 있는 '광주 폴리'를 찾아다니는 재미도
쏠쏠하답니다.

　국립아시아문화전당의 남쪽에 위치한 양림동은 광주 지역 최초의
기독교 전래지입니다. 양림동 일대에는 1900년 초 미국 선교사들이
새겨 놓은 흔적이 남아 있어요. 그들이 살던 집과 그들이 세운 학교,
교회, 병원이 지금의 '근대 건축물'이 되었어요. 양림동의 이정표 역
할을 하는 양림교회와 오웬 기념각은 100년 넘게 양림동을 지키고 있
습니다. 광주에 남아 있는 가장 오래된 서양식 건물인 우월순(wilson)

◐ 광주 사랑방(광산길 보도 / 프란시스코 산인 작) 시민들이 구 시가지에서 아시아문화전당을 바라볼 수 있으며 동시에 버스정류장의 기능도 한다.

◐ 열린 장벽(광주 세무서 앞 / 정세훈, 김세진 작) 내외부를 엄격하게 구분하던 광주 읍성의 닫힌 장벽에서 벗어나 현재의 시공간에 존재하는 열린 장벽을 형상화했다.

◐ 열린 공간(구 시청 사거리 / 도미니크 페로 작) 지역 주민들의 다양한 활동을 이끌어 내기 위해 한국 고전 건축물의 나무기둥이나 누각, 처마에서 콘셉트를 가져왔으며 거리 속 일상의 생기를 나타내는 포장마차의 구조를 활용한 구조물을 설치했다.

선교사 사택도 양림동의 보물입니다. 사택에는 400년이 넘은 호랑가시나무가 보호수로 지정되어 있어요. 잎사귀의 톱니가 호랑이의 등을 긁기에 좋다고 해서 호랑가시나무라는 이름이 붙었는데, 성탄절 장식에 절대 빠지지 않는 그 나무입니다.

양림동을 둘러보려면 4개의 산책길을 걷는 것이 좋습니다. 4개의 코스는 선교사의 흔적을 따라 걷는 '기독교 문화길', 월계수와 꽃무릇, 은단풍나무, 페칸나무, 흑호두나무 등 양림숲의 식생을 훑어보는 '양림동 생태길', 최승효 가옥과 이장우 가옥 등을 품은 '문화 산책길', 5·18민중항쟁사적지 표지석, 수피아 여고, 광주3·1만세운동기념동상 등을 지나는 '광주 정신길'입니다. 각 코스는 아주 천천히 걸어도 1시간 30분을 넘지 않을 만큼 단출합니다. 화려하지는 않지만 소박한 정취, 잔잔하지만 의미 있는 역사를 깊이 새기고 느끼며 걷기에 안성맞춤이랍니다.

우월순 선교사 사택
광주시 양림동에 있는 건물로, 광주에 남아 있는 가장 오래된 서양식 건물이다.

예술의 도시 광주의 '예술더하기여행'

빛고을 광주는 '예향(藝鄕)'이라는 이름을 하나 더 가지고 있어요. 2년마다 약 3개월에 걸쳐 비엔날레가 열리는 것이 당연한 것처럼 느껴집니다. (비엔날레: 2년마다 열리는 국제현대미술전시회(실험적 시각문화예술 소통 교류의 장)로 1895년 이탈리아 베니스에서 황제의 은혼식을 기념하는 국제적 미술전람회 개최를 계기로 시작되어 '2년마다'라는 이탈리아어가 고유명사로 쓰이고 있어요.) 광주비엔날레는 1995년 제1회가 개최되었고, 2014년에 제10회 광주비엔날레가 'Burning Down the House'라는 주제로 성황리에 끝났습니다. 지금 광주에서는 짝수 연도에는 '광주비엔날레'가, 홀수 연도에는 '광주디자인비엔날레'가 열리고 있어요.

광주의 도심 곳곳에 숨어 있는 '맛', '멋', '문화'를 체험하고 싶다면 '예술더하기여행'을 추천합니다. '예술더하기여행'은 전남대 문화예술전문대학원 출신의 예술학도들이 만든 것인데요. 광주의 문화 예술 자원을 활용하는 공정여행 프로그램입니다.

'예술더하기여행'의 투어 프로그램은 당일, 1박2일, 2박3일 등 일정에 따라 다양하게 구성되어 있습니다. 무등산을 따라 걸으면서 의재미술관, 무등현대미술관 등지에서 도자 체험을 하는 코스, 광주시립미술관, 함평 잠월미술관, 캠핑, 산내리 투어 등으로

광주 비엔날레 전시관
중외공원에 위치한 광주 비엔날레 전시관은 광주를 대표하는 휴식 공간으로 시립미술관, 민속박물관, 놀이시설 등이 있다. 1층 홍보관에는 역대 비엔날레 수상작이 전시되어있다.

대인예술시장 상인과 작가, 관람객이 함께 어우러진 소통의 공간이다.　　　　**웰컴센터 대인스토리** 대인예술시장 입구에 있는 방문자 센터이다.

진행되는 코스, 국립아시아문화전당, 양림동 역사문화마을, 광주 폴리, 무등산 산책, 대인예술시장을 체험하는 코스 등이 있습니다.

'예술더하기여행'의 안내를 받고 싶다면 광주광역시 동구에 있는 대인예술시장을 먼저 찾아야 합니다. 대인예술시장은 흔히 볼 수 있는 재래시장이지만 40여 명의 예술가들이 시장 안에 작업실을 열고 작품 활동을 하고 있는 광주만의 색다른 재래시장입니다. 재래시장 상인이 예술가가 되고, 예술가가 재래시장 상인이 되는 대인예술시장의 입구에 대인시장 방문자센터인 '웰컴센터 대인스토리'가 있어요. 이곳에서는 대인예술시장에 대한 안내뿐만 아니라, '미대 오빠 어디가?'를 비롯해 '구석구석 야한광주', '오픈아트 캠프' 등 다양한 일정을 안내받을 수 있습니다.

광주의 미래

광주광역시와 전라남도는 공동으로 전라남도 나주시 빛가람동 일대에 빛가람혁신도시를 건설했어요. 2015년 현재 16개 이전 대상 공공기관 중 한국전력고사를 비롯해 13개의 공공기관이 이전을 완료했지요. 빛가람혁신도시는 광주와 전남의 미래를 밝게 하는 핵심 지역으로 생각되고 있어요. 빛가람혁신도시에는 '빛가람 에너지밸리'가 조성될 예정이에요. 글로벌 에너지 그룹이자 우리나라 최대의 공공기업인 한국전력공사의 본사가 빛가람혁신도시로 이전하면서 한국전력공사를 비롯해 빛가람혁신도시로 이전하는 전력과 관련된 공공기업들이 연합하여 광주와 전남권 지역사회의 공동 발전이라는 큰 그림을 그리고 전력에너지산업을 키우고자 하는 것입니다. 이로써 빛가람혁신도시가 광주와 전남 발전의 중심으로 성장할 기틀이 마련되었습니다.

광주광역시는 호남지방의 행정, 상업, 문화, 교통의 중심지 역할을 하고 있어요. 그러나 다른 광역시들에 비해 산업적 기반은 취약한 편입니다. 1970년대 타이어와 자동차가 생산되면서 관련 계열의 화학 및 기계 부품공업이 발달하기 시작했어요. 광주에는 62만 대의 생산 능력을 갖춘 기아자동차의 공장이 있어요. 광주 경제에서 자동차 산업이 차지하는 비중이 매우 큽니다. 자동차 산업은 광주 경제를 든든하게 받쳐주는 효자산업이라고 할 수 있지요. 자동차 산업은 광산업, 전자가전, 금형산업 등과도 긴밀하게 연관되어 있기 때문에 자동차 산업이 다른 산업에 활기를 불어넣는 산업이라고 할 수 있어요.

다른 지역과의 격차를 줄이기 위해 '빛고을'의 이미지를 딴 '광(光)

◐ 빛가람혁신도시
광주광역시와 전라남도가 공동으로 나주시 빛가람동에 혁신도시를 건설했다.

경북 김천시
그린에너지
IT융·복합산업 육성

강원 원주시
건강·생명·관광
도시형 클러스터 구축

경남 진주시
동남권 산업·물류·
관광벨트 조성

충북 진천군 음성군
태양광 산업허브 육성

대구 동구
교육·비지니스·
그린에너지중심
네트워크 구축

전북 전주시 완주군
농·생명클러스터 구축

광주·전남 나주시
녹색건강식품 개발 및
녹색전력 R&D 기반육성

부산 영도구 해운대구남구
해양수산·금융·영화영상
특화 클러스터 구축

제주 서귀포
국제교류·관광·교육·
연수기능 집중 육성

울산 중구
에너지환경산업연구·
생산클러스터 구축

◐ 10대 혁신도시 나주, 원주, 울산을 비롯한 10개 도시에 공공기관과 지역의 대학, 연구소, 산업체, 지방자치단체가 이전하여 지역의 새로운 성장 동력을 창출하는 기반이 될 것으로 기대되고 있다.

광주 국제교류의 날
매년 내·외국인이 한자리에 모여
다문화를 체험하고 소통하는 '광주
국제교류의 날'행사가 열린다.

산업'을 집중적으로 육성하고 있습니다. 광산업이란 빛이 가진 성질을 이용하여 광통신 등 광전자 분야를 비롯해 광학기기, 레이저 응용기기 등을 생산하는 21세기 첨단산업이에요. 광주광역시는 광산업과 관련된 기업뿐만 아니라 광산업을 연구할 대학과 연구소, 광산업의 행정적인 부분을 도와줄 지방자치단체가 서로서로 도움을 주는 체제로 만들었어요. 이것을 클러스터라고 합니다. 클러스터를 사전에서 찾아보면 덩어리, 포도송이라고 되어 있어요. 즉 광산업을 위해 지방자치단체, 기업, 대학, 연구소 등이 하나로 뭉쳐서 산업 발전과 지역 발전에 동시에 기여하는 체제를 의미합니다. 최근에는 빛가람혁신도시를 핵심 지역으로 하는 '빛가람 에너지밸리' 조성을 위해 힘을 더하고 있습니다.

2015년 4월 2일 호남선 KTX가 전면 개통되었어요. 서울에서 광주까지 무정차의 경우 1시간 33분 만에 갈 수 있게 된 것이지요. 인천국제공항까지는 2시간 9분이면 닿을 수 있어요. 광주시는 호남선 KTX의 개통으로 국내외 관광객을 맞을 준비를 분주히 하고 있어요. 광주 송정역에 관광안내소를 설치하고 '광주문화관광포털'을 한국어, 영어, 중국어, 일본어 등 4개 국어로 안내하고 있어요.

KTX 호남선의 완전 개통과 더불어 2015년 9월 아시아문화전당의 개관, 그리고 빛가람혁신도시의 성공적인 완성 등은 광주 발전의 새로운 디딤돌이 되고 있습니다.

혁신도시가 뭐예요?

혁신도시는 우리나라의 국토 전체를 균형적으로 발전시킬 목적으로 만들어졌어요. 서울에만 몰려 있던 정부의 투자 · 출자 또는 정부의 재정지원 등으로 설립 · 운영되는 공공기관을 전국 각 지방으로 이전하고, 그곳에서 기업, 학교, 연구기관, 지방자치단체가 서로 긴밀하게 협력하여 지역의 발전을 주도하는 중요한 지점으로 발전할 수 있게 하고자 한 것입니다. 그래서 혁신도시는 '혁신'이라는 말이 담고 있는 의미처럼 새로운 차원의 미래형 도시입니다.

혁신도시는 모두 4가지 유형으로 건설되고 있어요. 기업, 학교, 연구소, 관공서가 서로 밀접한 관련을 가지고 지금까지의 조직, 관습, 방법 등을 완전히 바꾸고 새로운 방향을 향해서 나아가고자 하는 혁신거점도시, 지역의 특성에 알맞은 주제를 가진 개성 있는 특성화도시, 누구나 살고 싶은 친환경 녹색도시, 학습과 창의적 교류가 가능한 교육 · 문화도시가 그것입니다. 현재 전국적으로 10개의 혁신도시가 건설되고 있어요. 각 혁신도시마다 지역 특색에 맞는 주제를 정하여 특색 있는 도시로 개발될 예정입니다.

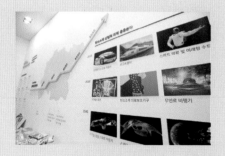

전북 창조경제 혁신센터

사진 제공처

강릉시 관광과 52, 55 강진군청 210

〈공감포토〉 농촌진흥청 245 / 문화체육관광부 19, 23, 317/ 박정도 20, 93 / 이승태 71 / 이종수 124, 125 / 이종원 114, 115 /
　　　　성혜련 40, 45 / 송은지 53, 339 / 식품의약품안전처 183 / 홍솔 338

공주시청 112, 140-141, 142

광양시청 262, 263, 266, 267, 268, 269 광주광역시청 326, 327, 328, 329, 330, 331, 337

구례군청 242 국립부여박물관 145 군산시청 297

금산군청 109, 158, 159

나주시청 272 남원시청 310, 311, 312, 313 남해군청 258, 259

노근리평화공원 182 논산시청 106, 108, 117, 118

단양군청 175, 176, 177, 179 담양군청 232, 234, 235, 236, 237, 239 당진시청 160, 161

목포시청 221, 228, 229, 230,131

보령시청 150, 151, 152, 153, 154-155, 156 보성군청 246, 247, 249

부안군청 316

삼척시청 47

속초시청 60-61, 63, 64 위, 65, 66, 70

수안보온천 119 순천시청 250, 251

신안군청 276, 277, 278

아산시청 103

양양군청 58

여수시청 256, 260 아래, 261

영동군청 180 왼쪽

와인코리아 180 오른쪽, 181

원주시청 87, 90 , 91

위키피디아 14-15, 17, 21, 22, 26, 27, 41, 48 오른쪽, 32, 56, 73, 74, 75, 83, 86, 97, 102, 123, 157, 162, 166, 173, 186, 187, 191, 194, 195,
　　　　206, 207, 209, 212, 214, 215, 217, 244 아래, 255, 260 위, 284 위, 300, 319, 322, 323, 334 유성구청 105, 189, 190, 192

자라섬국제페스티벌 85 (재)광주비엔날레 332

전주시청 282, 283 위, 292 정선군청 36, 37, 38 ,39

제천시청 169

진안군청 301, 308, 309

천안시청 147, 148, 149 청주고인쇄박물관 167

충청북도청 122

커피커퍼농장 54, 77

태백석탄박물관 46 태백시청 44 태안군청 109 위, 110, 111, 129, 130, 131, 132, 133, 134-135, 136, 137, 138, 139

평창송어축제위원회 33 평창포토뉴스 김춘호 18, 28, 92, 96

하늘목장 24, 25 한국관광공사 67, 68, 80, 81, 82, 84, 113, 200-201, 204, 205, 271, 290, 294, 299, 303, 305, 306-307, 335

해남군청 272, 273, 274

화천군청 32 황해경제자유구역청 163

e 영상역사관 42, 48 왼쪽

이미지를 제공해주신 분들께 감사드립니다.